2023年度湖南省基础教育教学改革项目"乡村教育现代化
教学领导力提升策略研究"阶段性成果（项目编号：Y202

# "神太阳"的人

## 乡村公办幼儿园园长发展叙事研究

单莹 著

湖南师范大学出版社

·长沙·

图书在版编目（CIP）数据

"种太阳"的人：乡村公办幼儿园园长发展叙事研究／单莹著. --长沙：湖南师范大学出版社，2024.8 --ISBN 978－7－5648－5493－5

Ⅰ. G617

中国国家版本馆 CIP 数据核字第 2024GA9821 号

"种太阳"的人——乡村公办幼儿园园长发展叙事研究

"Zhong Taiyang" de Ren——Xiangcun Gongban Youeryuan Yuanzhang Fazhan Xushi Yanjiu

单 莹 著

◇出 版 人：吴真文

◇责任编辑：宋　瑛

◇责任校对：张晓芳　刘雅昕

◇出版发行：湖南师范大学出版社

　　　　　　地址／长沙市岳麓区　邮编／410081

　　　　　　电话／0731－88873071　88873070

　　　　　　网址／https：//press. hunnu. edu. cn

◇经销：新华书店

◇印刷：长沙印通印刷有限公司

◇开本：710 mm×1000 mm　1/16

◇印张：12. 5

◇字数：225 千字

◇版次：2024 年 8 月第 1 版

◇印次：2024 年 8 月第 1 次印刷

◇书号：ISBN 978－7－5648－5493－5

◇定价：58. 00 元

凡购本书，如有缺页、倒页、脱页，由本社发行部调换。

# 目　录

# 第一章 绪 论

## 一、我们为什么关注乡村幼儿园园长

### （一）乡村幼儿园是乡村学前教育独特的文化场域

从现实特征上看，乡村是自在的"共同体"，乡村各个要素各就其"位"、和谐共生。然而，在传统与现代的较量中，"'现代性'因其在时间上居于优势，对作为'传统的、固态的'共同体保持着一种'摧枯拉朽'之势，使得共同体的时间节律被打破、空间的基础被掏空"。① 作为乡村场域的重要组成部分，乡村学前教育在顺应现代性发展的过程中逐渐脱离本土根基，使得乡村幼儿生命的完整性被分割。乡村幼儿生活时间中断、生活空间破裂，乡村幼儿园则通过整合家庭、幼儿园、村落（社区）三方面经验为一体，为乡村学前教育提供独特的文化场域，将乡村幼儿的经验碎片组织起来，实现乡村幼儿"完整的生命个体"。这主要表现在以下两个方面：一方面，乡村幼儿园为乡村幼儿提供乡村学前教育本土课程。乡村幼儿园本土课程是乡村幼儿园结合家庭、幼儿园、村落（社区）实际，立足乡村幼儿本土生长并帮助幼儿不断向外拓展的一套经验体系。②

---

① 李旭. 新型城镇化背景下儿童生活共同体的现实际遇及重构 ［J］. 四川师范大学学报（社会科学版），2017，44（5）：85-91.

② 李旭，段丽红. "位育"视角下乡村幼儿园本土课程的内涵诠释、价值诉求及内容构建［J］. 民族教育研究，2019，30（5）：106-112.

乡村幼儿园通过提供小班、中班、大班阶段的课程，帮助幼儿认识自己和家庭、认识幼儿园中的人、事、物，并建立相应关系；进一步引导幼儿逐渐走向村落（社区），确立起自身在更广阔世界中的位置和秩序；最后以乡土课程资源为依托厚植幼儿的"生命文化之根"。另一方面，乡村幼儿园利用乡土资源帮助幼儿拓展经验世界，让幼儿与乡村环境发生真正连接。家庭经验内容是核心，村落（社区）经验内容是拓展的方向，幼儿园则将二者与幼儿园经验内容进行整合以形成本土经验。①

从幼儿园的性质特点来看，乡村幼儿园还具有普及普惠、公益公平的时代意蕴。21世纪初以后特别是2010年以来，"普惠性幼儿园"成为学前教育领域最热的词汇。无论是在政策话语、学术话语还是公众话语中，幼儿园的"公益性""普惠性"都已成为主流。公益性是从幼儿园及其所提供的幼儿园教育的非营利性、促进社会公平与教育公平的社会效益角度而言；普惠性则是从幼儿及家庭可获得性与可负担性的角度来言，角度虽不同但殊途同归。② 2010年7月，《国家中长期教育改革和发展规划纲要（2010—2020年）》中明确出现"普惠性"这一提法，提出要"形成惠及全民的公平教育。坚持教育的公益性和普惠性，保障公民依法享有接受良好教育的机会"；同年11月，国务院出台《关于当前发展学前教育的若干意见》，提出了"发展学前教育，必须坚持公益性和普惠性"。此后十余年间，各类党和国家政策、部门政策以及专门政策频繁提及"普惠性幼儿园"，使其逐步成为新时代幼儿园的核心特点。

## （二）乡村园长对乡村学前教育发展的重要性

园长作为乡村幼儿园治理第一责任人，负责在日常工作的参与、观察与经验总结基础上，评估和监测幼儿园的发展进程，及时调整和改进发展策略，确保乡村幼儿园的可持续发展。

---

① 李旭，段丽红."位育"视角下乡村幼儿园本土课程的内涵诠释、价值诉求及内容构建[J]. 民族教育研究，2019，30（5）：106－112.
② 沙莉，张小娟，康丽颖."幼儿园"概念的生成与流变——基于历史语义学的分析视角[J]. 教育研究，2023，44（9）：51－63.

第一，园长是乡村幼儿园可持续发展的核心领导者。乡村幼儿园通常面临财政资金不足等问题，这对园长的管理提出了极大的挑战。首先，为改进乡村幼儿园教育资源水平，乡村园长要积极寻找各种资金补充渠道，如教育行政部门的补助计划、乡村社区各方力量的赞助等。同时，园长还有责任积极主动向政府部门反馈乡村幼儿园建设情况，争取更多财政支持，确保幼儿园顺利运转和发展。其次，乡村园长有责任提高幼儿园课程质量，将乡村悠久的历史文化传统、独有的自然资源融入日常教学中，如组织幼儿到乡间田野开展活动，安排乡村手工艺制作课程，带领幼儿体验本村文化特色（如非遗文化等）……通过幼儿教育和乡村文化的融合，增强乡村幼儿对乡村文化的了解和认同，实现淳朴、温馨、自然、底蕴丰厚的乡村文化在现代社会中完整地延续。再次，乡村园长通常管理一支规模较小的乡村幼师群体，"小规模"的特点更便于教师群体与园长之间的信息传递和思想交流。乡村园长能将自己的治园理念、实践经验、培训知识通过面对面沟通、一对一交流指导的方式传授给幼儿教师，如组织幼师培训课程和研讨会，为教师提供乡村幼教材料、教具等资源，为幼师争取外出培训学习和交流研讨的机会。最后，乡村园长还会积极与乡村社区、家长和其他乡村社会成员建立合作伙伴关系。如与乡村基层政府部门合作，争取为幼儿园提供更多资源和支持；有效发挥乡村大学生的积极作用，帮助优秀大学生利用观念和方法推动乡村文化传承。

第二，园长是乡村文化传承的重要参与者。在当前乡村学前教育普及化背景下，乡村学前教育发展价值取向同一化明显，国家统一教化遮蔽乡村儿童个体社会化，主流文化推广遮蔽村落文明传承，间接认识遮蔽农村儿童情境性感知。[①] 教育属于文化中的重要组成部分，"同一化"可能对乡村学前教育和乡村文化产生负面影响，其结果是使乡村儿童面临未来生存困境，加剧了村落传统文化的生存危机。[②] 首先，乡村园长通过领导开展

① 黎平辉，蔡迎旗. 从同一到融合：论乡村振兴战略下农村学前教育发展价值主体的价值取向 [J]. 当代教育论坛，2019（3）：64 – 73.
② 黎平辉，蔡迎旗. 从同一到融合：论乡村振兴战略下农村学前教育发展价值主体的价值取向 [J]. 当代教育论坛，2019（3）：64 – 73.

教育活动和设置相关课程，坚定乡村幼儿的乡村文化核心价值观，如尊重传统、关爱自然、乡土情怀等，使他们能够成为文化传承的积极参与者。其次，在日常教育教学活动中，乡村园长通过组织丰富多样的乡村文化体验活动，让幼儿亲身参与乡村的传统活动、手工艺制作、农耕体验等，使其在亲身体验中更好地感知和理解乡村文化特色，培育对乡村的情感和认同。通过强化幼儿园与当地村落社区建立的紧密联系和合作关系，从村落社区中获取更多的乡村文化资源和传统知识，将这些资源融入幼儿教育中，促进乡村文化传承和发展。最后，通过与乡村小学、乡村中学密切合作，领导乡村幼儿园积极参与乡村中小学教育机构的文化活动，形成乡村文化传承与发展的良好氛围。

## 二、我国乡村园长的基本状况和总体特征

### （一）我国幼儿园园长的基本信息

根据《中国农村教育发展报告 2020—2022》的有关信息，与城市学前教育相比，农村学前教育发展较快。2021 年，全国学前教育毛入园率达88.1%，农村（包含镇区加乡村，下同）幼儿园数量占 2/3。2021 年全国有幼儿园 29.5 万所，比 2012 年增加 11.4 万所，9 年间增长 62.98%，其中农村幼儿园数量占 66.21%。可见，农村学前教育是我国学前教育的大头。随着近年来我国新生人口数量的持续减少和学前教育普及水平不断提高，乡村学前教育逐步进入高质量发展阶段。在学前教育发展的关键节点，需要一批相适应的幼儿园园长队伍来引领乡村幼儿园建设。2019 年，我国幼儿园园长的总体数量为 303646 人，乡村幼儿园数量为 98688 所，但乡村幼儿园园长数量为 75112 人，缺口 23576 人。2022 年，东北师范大学教育学部曲正伟教授对全国 36 个区县的城区、县区、乡村园长样本进行比较分析，得出了以下研究结论：

从性别结构看，我国幼儿园园长队伍呈现男女比例极不均衡的状态。

从全国数据上看，2019 年全国幼儿园园长数量为 303646 人，其中女性园长 274217 人，占 90.31%。曲正伟教授的调查结果显示，女性园长数量上也具有绝对优势，其中女性园长共 1243 位，占 91.33%，男性园长数量较少。

从年龄结构看，我国幼儿园园长队伍年龄分布较为均衡，"90 后"新生代园长数量有待进一步巩固。调查结果显示，1970 年及以前出生的园长共 257 人，占 18.88%；1971—1980 年出生的园长共 529 位，占 38.87%；1981—1990 年出生的园长共 451 人，占 33.14%；1991 年及以后出生的园长共 124 人，占 9.11%。

从职称结构看，幼儿园园长的职称定级工作还有待加强。从全国数据上看，2019 年全国幼儿园园长具有职称情况如下：正高级 423 人，副高级 20386 人，中级 49619 人，助理级 23922 人，员级 864732 人，未定级 200649 人。其中，正高级幼儿园园长仅占 0.14%，未定级园长比例达到 66.08%。调查结果显示，未定级的园长有 763 位，占 56.06%；初级职称的园长有 263 位，占 19.32%；中级职称园长有 250 位，占 18.37%；高级职称的园长有 81 位，占 5.95%；正高级职称的园长仅有 4 位，占 0.29%。

从工作经历看，园长通常在幼儿园管理岗和教师岗上有较长时间的任职经验。被调查园长任职幼儿园园长总时间的平均数为 9.09 年，其任职当前幼儿园园长时间的平均数为 7.57 年，园长任职的幼儿园数的平均数为 1.26 所。

从学历结构看，我国幼儿园园长队伍以大专学历和本科学历为主，高中及以下学历仍存在相当比例，高层次学历占比较少。从全国数据上看，2019 年全国幼儿园园长学历情况如下：研究生毕业 3113 人，本科毕业 116778 人，专科毕业 157106 人，高中及以下毕业 26649 人。其中高中及以下学历占 8.78%。调查结果显示，高中及以下学历的园长有 110 人，占被调查园长的 8.08%；大专学历的园长共 678 人，占 49.82%；大学本科学历的园长共 544 人，占 39.97%；研究生（硕士或博士）学历的园长共 29 人，仅占被调查园长的 2.13%。

从专业结构看，科班出身的园长较多，师范专业毕业的园长占八成以上，其中学前教育专业的园长占一半以上。从全国数据上看，学前教育专业背景的幼儿园园长为182619人，占60.14%。曲正伟教授的调查结果显示，最高学历为学前教育专业的园长有780人，占57.31%；最高学历为学前教育外师范专业的园长有383人，占28.14%；最高学历为非师范专业的园长有198人，占14.55%。①

### （二）模糊性：乡村园长的职业身份特点

职业身份是对职业工作者的社会身份的塑造，职业发展与身份建构具有紧密的联系。职业身份包括自我对职业的认同。在晋升体系完善的工作岗位上工作，劳动者通常会朝着职业技能专业化方向发展，形成对自我职业的认同和身份建构。2020年，夏巍运用个案研究的方法，采用叙事研究收集个案资料，深度分析了一位乡村转岗幼儿教师转岗后的身份建构历程。研究发现，乡村转岗幼师身份成功建构的关键动力因素包括以下几个方面：情感动能、正向身份理解、本土优势、社会支持。② 乡村幼师身份成功建构的关键在于转岗教师自身主动性的发挥，能否与外界环境形成良性互动。由于很多乡村幼儿园附属于乡镇中心校，因此在乡村幼教工作中，乡村幼儿园园长往往被称作"业务副园长"，乡村园长决策自主性不高，主要承担教育领域的工作，在幼儿园的规划、管理和发展方面能行使的权力较少、发挥的作用有限。乡村园长职业身份与社会身份名同实异，园长职业认同感不高，处于职业身份模糊的处境。在学前教育高质量发展、幼儿园园长专业化发展的趋势下，乡村园长职业身份模糊阻碍了园长的专业成长，成为乡村学前教育事业发展的桎梏之一。

乡村园长职业身份模糊的特点反映为如下三方面。第一，多重身份角色。乡村幼儿园园长往往需要兼顾教育主管、管理者、教师、家长沟通者等多个角色。他们需要同时承担教育工作以及管理和组织工作，多重身份使得他们的职业身份边界不够清晰。第二，职责范围广泛。乡村幼儿园园长需要对幼儿的教育管理全面负责，包括教学设计、课程开发、师资培训、学生评估等。他们的职责范围广泛，不仅需要关注教育教学的方方面面，还需要处理行政管理、人员招聘、预算编制等事务。第三，外部环境复杂。乡村幼儿园园长所工作的环境通常比城市幼儿园更为复杂和多变，他们需要根据当地的社区特点和资源条件，灵活调整教育教学方案，适应不同挑战和变化。工作环境复杂多样使得他们疲于思考自身价值，而忙于调整自身以应对工作中的挑战，这加剧了他们职业身份的模糊性。

## （三）粗放性：乡村园长的专业素养特点

在"撤点并校"政策实施的背景下，我国部分乡村中小学地区出现富余教师。随着《中共中央国务院关于深化教育改革全面推进素质教育的决定》《国家中长期教育改革和发展规划纲要（2010—2020）》《关于当前发展学前教育的若干意见》等政策对富余教师转岗的推进，许多乡村中小学教师流入农村幼儿园，担任幼儿园园长，转岗园长逐渐形成大规模群体，"转岗"也成为中国乡村幼儿园园长的鲜明特点。目前，转岗园长在乡村幼儿园教师队伍中已占据一定比例，是支撑乡村幼教事业发展的主要力量之一。但这支队伍在从中小学步入幼儿园、从中小学教师转变成幼儿园园长的过程中，普遍出现了职业适应性问题。如面临着工作环境不适应、专业不适应等生存困境[1]，主要表现为：角色定位模糊，工作价值感下降；[2]容易产生职业倦怠感，对自身专业发展现状不满意，离职意愿强烈。[3] 有学者对北京市和贵州省976位农村幼儿园园长开展专业素养自我评估问卷调查发现：在任职资格方面，超过1/5的乡村幼儿园园长无证上岗，超过2/5的乡村幼儿园园长不具备学前教育专业背景；在专业素养方面，乡村幼儿园园长对其组织管理素养较为自信，但在其教育教学素养和价值领导素养上缺乏自信。学历、教龄、自我发展规划能力、管理制度等是影响乡

---

① 张地容. 农村转岗幼儿教师的生存困境与出路 [J]. 教育评论, 2015（10）: 120 – 124.
② 王海英. 谁识转岗幼儿教师酸苦辣 [N]. 中国教育报, 2013 – 08 – 04 (1).
③ 蔡军. 农村幼儿园转岗教师的生存困境及改善 [J]. 学前教育研究, 2015 (5): 10 – 14.

村幼儿园园长专业素养的主要因素。① 转岗园长对学前教育教学和管理岗位的不适应，以及城乡学前教育发展不均衡、乡村学前教育发展质量不高等现实问题，共同影响了乡村园长的专业素养。

首先，乡村园长专业发展缺乏支持。乡村地区闭塞，学习资源有限，导致园长在获取最新教育理论和最新研究方面的速度较慢。其次，乡村幼儿园园长在实践中可能过于依赖个人经验和常规操作，缺乏基于科学研究和创新方法的参考。他们可能没有时间和机会参与专业论坛、研讨会或学术会议，无法与同行交流专业知识和经验。另外，乡村地区的经济和资源状况限制了乡村幼儿园园长的专业发展。他们可能面临着日常管理的重压，如财务管理、人员招聘和设备采购等，导致他们无法把精力放在专业发展上。此外，由于乡村地区的人口少、孩子数量相对较少，园长可能面临身兼数职的情况，需要承担管理、教学、保育等任务。这种情况可能使园长分身乏术，无法充分专注于提升自身的专业素养。

综上所述，乡村幼儿园园长的专业素养在某种程度上可能表现出粗放性。然而，我们应该意识到这并不完全是园长们的责任，而是受到各种外部因素制约的结果。因此，为了提升他们的专业素养，需要提供更多的支持和资源，如专业培训、定期交流和跨园合作等，以推动他们的专业化发展。

# 三、国内外相关研究综述

以"乡村学前教育"为主题词，通过 CNKI 检索，剔除无关文献后，共有 60 篇核心期刊论文，其中 35 篇为 CSSCI 期刊的论文。以"乡村幼儿园"为主题的核心期刊论文有 12 篇，其中 CSSCI 期刊论文有 10 篇。以"乡村幼儿园园长"为主题的研究较少，以"幼儿园教师队伍""幼儿园

---

① 洪秀敏，陶鑫萌. 农村幼儿园园长专业素养的现状、影响因素与提升策略［J］. 北京教育学院学报，2022，36（2）：46–54.

园长"为主题的核心期刊论文有 100 篇,其中 CSSCI 论文有 66 篇。相关研究的学术关注度自 2013 年开始上升。综合分析如下。

## (一) 关于乡村学前教育发展困境的研究

乡村学前教育发展的困境首先表现为城乡学前教育发展不平衡。具体表现在以下方面:一是乡村幼儿发展方面。我国乡村幼儿教育面临总体质量堪忧、发展不均衡、"离农化"倾向明显的现实困境。[①] 有研究指出,贫困农村儿童能力发展不足的情况非常普遍,这些儿童在教育起点上就已经落后于城市儿童。[②] 二是乡村幼儿园发展方面。乡村地区不仅面临幼儿园严重不足的问题,还面临着幼儿园发展质量不高、发展受阻等问题。有研究指出,农村幼儿园存在办学条件低下、师资力量薄弱、教学内容"小学化"倾向严重、教师生存状况堪忧、管理者安全意识淡薄等问题,农村学前教育的发展与基础教育的快速发展相比显得极不协调。[③] 盖笑松、焦小燕通过对 28 个省、自治区、直辖市的 175 个村庄进行调研,发现乡村学前教育发展存在幼儿园办园质量差,大型公办园难以成为农村幼儿园主体;农村民办园发展资源有限,难以走出低收费、低质量的恶性循环等问题。[④] 此外,随迁子女和留守儿童问题也是阻碍农村学前教育发展的突出问题。[⑤] 三是学前教师队伍方面。乡村学前教育学生数与专任教师数的比例严重失调,"学生多专任教师少"的现象在乡村尤其突出。乡村学前教育专任教师高学历人群占比低,低学历人群占比高。乡村学前教育专任教师未定职称比例高于城市地区。此外,乡村学前教育图书和数字资源占比较低,不

① 左彩霞,张莉. 乡村振兴背景下我国农村幼儿教育可持续发展:现实困境、价值选择与实践路径 [J]. 黑龙江教师发展学院学报,2023,42 (8):116-120.

② 罗仁福,张林秀,刘承芳,等. 贫困农村儿童的能力发展状况及其影响因素 [J]. 学前教育研究,2010 (4):17-22.

③ 李运余. 论我国农村幼儿园的教育现状 [J]. 学理论,2011 (32):237.

④ 盖笑松,焦小燕. 当前村屯学前教育发展的难点与对策 [J]. 学前教育研究,2015 (5):3-9.

⑤ 秦玉友,邬志辉. 中国农村教育发展状况与未来发展思路 [J]. 东北师大学报 (哲学社会科学版),2017 (3):1-8.

利于园长及教师的专业发展。①

乡村学前教育困境形成的原因包括内部因素和外部因素。马忠才、郝苏民从教育困境的内生性逻辑出发，对少数民族聚居区 Y 县进行深入调研，运用多阶段抽样在乡村 5 所小学和 5 所幼儿园，分别进行了访谈和参与式观察，发现深度贫困地区的学前教育实践困境：Y 县学前教育普及率低；"幼儿园"得不到内涵式发展，成为"托儿所"；双语师资严重不足，双语教育薄弱。Y 县资源短缺和形式主义学前教育都是在解决了保障性条件后出现的内涵式发展问题，问题的根源在于教师和家长对学前教育的认知。② 有研究以农村学前教育的价值主体为突破口，认为在当前学前教育逐步普及的背景下，国家、村落、儿童这三者的价值取向逐渐同一化。同一化的结果是导致农村儿童的未来生存困境，加剧村落传统文化的生存危机，助长农村学前教育小学化的蔓延。③ 有研究以复杂性理论为研究角度分析新时代城乡学前教育的发展，指出城乡二元结构形成城乡学前教育发展的外部生态落差；教育政策非线性运行使得城乡学前教育发展面临政策执行困境；相关主体自组织运行使得城乡学前教育发展面临内部文化差距；城乡发展不均衡问题动态涌现，迫使城乡学前教育发展需要理清许多复杂机理。④

## （二）关于乡村学前教育发展策略的研究

基于乡村学前教育发展困境的内外部成因，研究者从学前教育外部推动力、内部驱动力和内外部合力等方面分析乡村学前教育发展。外部推动力包括增强政策供给，优化资源配置，加强师资的培养、培训等。内部驱

① 文军，顾楚丹. 基础教育资源分配的城乡差异及其社会后果——基于中国教育统计数据的分析 [J]. 华东师范大学学报（教育科学版），2017，35（2）：33 – 42 + 117.
② 马忠才，郝苏民. 乡村教育振兴的困境及其内生性逻辑——基于深度贫困地区 Y 县的调查分析 [J]. 中南民族大学学报（人文社会科学版），2020，40（2）：169 – 174.
③ 黎平辉，蔡迎旗. 从同一到融合：论乡村振兴战略下农村学前教育发展价值主体的价值取向 [J]. 当代教育论坛，2019（3）：64 – 73.
④ 陈坚. 新时代城乡学前教育均衡发展的复杂性挑战与路径优化——基于复杂性理论 [J]. 社会科学战线，2022（5）：235 – 241.

动力是指在价值观念、文化环境、乡村社区资源开发方面改善乡村学前教育环境，如从学制创新的角度分析乡村小规模学校的教育发展和幼小衔接的发展路径，指出应把乡村学前教育纳入义务教育范围，建立幼小一体化的教育管理与投入体制，建立适应新学制的师资培养与管理制度，进行幼小一体化的课程教学设计。① 乡村学前儿童的家庭教育是学前教育体系构建、乡村振兴战略的必要组成。实践路径主要包括健全学前教育宣传机制，创建学前儿童家庭经济富裕与教育富足共生的教育场景，依托乡村协同教育机制构筑学前儿童家庭教育行为指标体系等。② 王鉴、谢雨宸认为乡村学前教育高质量发展是由其教育体系中的地位、国家政策、扶贫扶智的社会功能等决定的。为实现以普惠为主线的乡村学前教育高质量发展，普及优质学前教育，要重塑乡村学前教育质量观、完善乡村学前教育资源分配制度、深化乡村学前教育特色化课程与教学改革、创建"家园社"三级联动体系，最终形成乡村学前教育高质量发展的长效机制。③ 黎勇从乡村学前教育发展的价值观念出发，认为乡村学前教育的内生性发展是提高其发展质量的重要路径，要实现内生性发展，就需以文化主客位融合的思维视域审视农村学前教育发展的宏观背景，建构更具包容性的价值目标体系、更具针对性的课程内容与教学方法体系。④ 王红、邬志辉从乡村学前教育内外部合力的角度提出措施：一方面，通过省级统筹，加大乡村地区学前教育经费供给，办好乡镇中心幼儿园，改善村校附设幼儿班的教学条件，逐渐形成乡村学前教育网络，满足乡村学生入园需求，逐渐普及乡村学生的开端教育，为乡村学生未来发展奠基；另一方面，实施"优秀教师引进来"与"本地教师优起来"的乡村教师队伍素质提升工程，通过更新

---

① 袁媛，杨卫安. 学制创新与乡村小规模学校发展——兼谈幼小衔接的新路径 [J]. 教育科学研究，2019（11）：11－15.

② 贾红霞，谢军. 乡村振兴视域下农村学前儿童家庭教育实践路径 [J]. 人民教育，2022（Z1）：89－90.

③ 王鉴，谢雨宸. 乡村学前教育高质量发展的内涵、逻辑与长效机制 [J]. 东北师大学报（哲学社会科学版），2022（2）：1－9＋37.

④ 黎勇. 主客位融合：我国农村学前教育发展的价值取向 [J]. 学前教育研究，2022（12）：75－78.

乡村教师教育观念、知识储备以及提高乡村教师教学素养，带动乡村学校的"课堂革命"，激发学生学习的内在动力，培养学科学习兴趣，形塑学生可持续学习的能力和冲动。此外，还要加强乡村学校的软环境管理，推进乡村学校文化建设，提升乡村学校内部管理水平，重塑乡村学校办学活力，构建师生和谐校园，全面改善乡村学生的在校学习生态环境。①

在乡村振兴、乡村人才振兴、教育精准扶贫的政策话语下，有研究者指出，应抓住实施乡村振兴战略的契机，全方位系统谋划乡村学前教育的发展，包括努力提高乡村学前教育承载力、全面提升乡村学前教育质量、逐步健全乡村学前教育监管机制、加快学前教育立法进程等策略。② 姚松、曹远航从教育精准扶贫政策的角度，指出学前教育领域扶贫政策供给相对欠缺，弱势群体及学龄前儿童长期处于教育精准扶贫的"真空区域"。因此，应从以下几方面加强学前教育政策供给。一是加强贫困地区 0~3 岁儿童养育政策供给，实现从"零"开始的教育扶贫。二是硬件设施方面，通过任务分解，各级政府加强对薄弱幼儿园，尤其是集中连片贫困地区薄弱幼儿园校舍建设及设备设施的改造支持，在扶贫底线上确保学前教育领域硬件设施达标到位。三是软件设施方面，政府要引导贫困地区幼儿园注重对自身内部价值体系的塑造，协同整治外部文化环境。通过精准瞄准学前教育领域的内部管理及文化建设问题，贫困地区幼儿园能够因地制宜地引进先进教育理念及科学管理方法，提升自身发展能力。③ 瞿连贵、石伟平、李耀莲以乡村人才振兴为视野分析职业教育对于乡村教育的功能发挥，这为乡村学前教育发展研究提供了职业教育的视野。研究表明，职业教育具有培养乡村学前教育教师的功能定位。要以"乡村振兴"为契机，以"乡村人才振兴"为突破口，抓住乡村学前教育改革发展的职教机遇，对支撑

---

① 王红，邬志辉. 新时代乡村教育扶贫的价值定位与分类治理 [J]. 教育与经济，2018（6）：18 – 24.

② 吴佳莉. 提升农村学前教育品质　促进美丽乡村发展 [J]. 教育研究，2018，39（7）：89 – 91.

③ 姚松，曹远航. 新时期中央政府教育精准扶贫政策的逻辑特征及未来走向——基于政策工具的视角 [J]. 湖南师范大学教育科学学报，2019，18（4）：73 – 80.

乡村学前教育普及的重要基础——乡村学前教育教师的培养进行总体规划。①

## （三） 国外乡村学前教育发展借鉴

国外学者对乡村学前教育的研究主要集中在乡村学前教育的价值、乡村学前教育存在的问题和发展对策、乡村学前教育的质量保障方面。关于乡村学前教育的价值，苏格兰政府将学前教育视为消除社会排斥的有力武器，普及乡村学前教育的价值在于提升社会的包容性。

国外乡村学前教育面临财政资源缺乏、幼儿园数量少且质量不高、现存幼儿园历史悠久但与现代性教育融入不佳的问题。为提高乡村学前教育质量，苏格兰增加对乡村学前教育的财政支持，重视家长对乡村学前教育的参与和支持，确保乡村学前教育教师和保育员的质量。家长、乡村幼儿园园长和苏格兰地方当局不仅在教师聘用过程中发挥重要作用，在幼儿园各级工作人员的招聘、培训，以及乡村幼儿园的办学形式和办学地点的抉择过程中，家长和乡村幼儿园园长的意见也受到极高重视。此外，苏格兰政府坚持包容性文化，鼓励乡村学前教育机构发展志愿服务、发扬志愿服务文化，鼓励家长和其他成年人参与其中，为乡村社区和幼儿园提供帮助。学前教育机构为志愿者提供体验机会，培养其管理能力；乡村学前教育机构还可以成为农村地区乃至乡镇地区文化发展与交流的平台，促进乡镇社区成人与儿童之间、社区居民之间的相互理解、知识传递和经验分享，并为新来者（通常指新教师）更快适应环境提供社会支持和资源。苏格兰在乡村社区建立起的包容的文化网络在促进社区合作、资源共享和社交互动，增强社区凝聚力和互助精神方面发挥着重要作用。② 波兰为了在乡村地区建立学前教育中心，制定了一套政策方法，包括：开发针对教师、家长、地方当局的培训课程；成立专门小组以对乡村学前教育人员进

---

① 瞿连贵，石伟平，李耀莲. 乡村人才振兴视野下职业教育的功能定位及实践指向 [J]. 中国职业技术教育，2021 (6)：50 - 56.

② SHUCKSMITH M, SHUCKSMITH J, WATT J. Rurality and social inclusion：a case of preschool education [J]. Social Policy & Administration, 2010, 40 (6)：678 - 691.

行培训；制定乡村地区教师工作的基本要求和教学标准；建立对接乡村地区的教育监督系统；编写乡村学前教育教材，以及制定指导乡村如何办学前教育的手册。① 美国为解决乡村学前教育入园率和保教质量整体偏低、城市化倾向严重的问题，建立起多样化的家庭补助制度②，加大对乡村弱势儿童的补偿力度，推进乡村教育成就项目，开展乡村学校运动。加拿大建立完善的社会福利制度使城市儿童和乡村儿童享受平等的福利；发挥各级政府对地区乡村学前教育政策制定的主体责任作用，调动社会组织和第三方机构在资源调动、政策咨询、制定研究报告等方面的积极性；尊重家长的多元需求，提供日托型、全托型的乡村学前教育服务。③

俄罗斯学者指出，良好的机构和制度安排在消解对乡村学前教育的社会排斥和行政排斥方面发挥重要作用。为解决乡村幼儿园发展资源不足的问题，国家层面需要从顶层设计角度制定相关计划，为乡村幼师质量提高提供政策计划，为乡村学前教育项目拨款，建立乡村学前教育的专项补贴项目。俄罗斯规定幼儿园办园条件、规划幼儿园的办园规模与活动组织，使幼儿园与乡村的人口、自然资源等因素相适应，以加强对乡村学前教育的质量保障。④

## （四）乡村幼儿园园长队伍建设研究

早在 2015 年，教育部印发的《幼儿园园长专业标准》中就明确指出，园长是履行幼儿园领导与管理工作职责的专业人员，并规定了合格的园长应具备"规划幼儿园发展、营造育人文化、领导保育教育、引领教师成长、优化内部管理、调适外部环境"六项专业素质。但是，针对教师和园长的培训没有差别化展开。《3~6 岁儿童学习和发展指南》和《幼儿园教

---

① URBAN M. Early childhood education in europe: achievements, challenges and possibilities [J]. Online Submission, 2009.

② MAHER E J, FRESTEDT B GRACE C. Differences in child care quality in rural and non-rural areas [J]. Journal of Research in Rural Education, 2008, 23.

③ 严仲连. 加拿大发展农村学前教育的经验 [J]. 外国中小学教育, 2014 (5): 14-18.

④ 严仲连, 斯维特拉娜·索科洛娃. 俄罗斯农村学前教育质量保障的经验 [J]. 比较教育研究, 2013, 35 (6): 82-86.

育指导纲要》提出，要让幼儿获得有益身心的学习和发展经验，并对教师教育观念的转变提出了要求，教师需要将传统的以课程内容为本、以教师讲授为主的课程观念转变为育人为本的教育观念；然而，缺少对幼儿园园长领导和管理能力、观念的发展提出的要求。学前教育相关政策文件对教师培训、职称评聘提出了安排，也在增加普惠性资源、幼儿园发展方面提出了总体要求，但几乎很少有单独针对幼儿园园长提出的要求。通过对幼儿园园长的研究进行综合分析，可以为个案研究提供更好的思考角度。2022年，曲正伟基于城区、镇区、乡村比较的视角，对来自全国36个区县的城区、镇区、乡村样本的比较分析发现，与城区、镇区园长数量相对富余相比，乡村园长数量的实际缺口逐年扩大；园长的职称和学历越高，乡村、镇区所占比例越小，乡村园长中转岗人员比例相对较大；园长群体的职业认同感整体较高，但在工作状态、职业能力、专业发展方面存在显著的城区、镇区、乡村差异；城区园长更关注发展性职业管理制度，乡村园长更关注生存性职业管理制度；镇区园长中具有学前教育专业背景的比例明显低于乡村，同时其工作满意度明显低于城区园长，离职倾向则明显高于城区园长。①

关于如何稳定教师队伍，有研究从教师工资角度探究解决乡村幼儿教师工资待遇问题的政策措施，指出应完善现有政府购买学前教育服务政策及相关管理制度。具体包括：建立健全乡村幼儿教师工资待遇保障体系；制定最低工资标准和相应的工资晋级与职称评定政策；打通编制外教师进入编制内的通道；建立乡村幼儿教师特殊岗位津贴与个人经济支持奖励制度，提高福利待遇。② 有研究从乡村学前教育教师队伍建设的角度，提出完善投入机制，保障教师工资待遇，提高职业吸引力；多措并举补充合格教师，加快提高教师队伍素质；优化教师管理，加强教师专业发展的权益

---

① 曲正伟. 我国幼儿园园长队伍建设现状、问题及其发展对策——基于城区、镇区、乡村比较的视角 [J]. 学前教育研究, 2022 (2)：27-44.

② 李瑞华. 政府购买学前教育服务政策下青海乡村幼儿教师工资收入现状、影响与建议——基于青南五县的实地调查 [J]. 教师教育研究, 2019, 31 (6)：33-38.

保障。①

## （五）幼儿园园长个体研究

### 1. 关于园长角色定位的研究

角色是指社会对具有一定身份地位的个体的一种行为期望系统以及对自身的行为期望系统。幼儿园园长作为社会群体中的一员，特别是幼儿园的关键成员，具有复杂的角色身份。② 谭曼娜从园本教研工作职责的角度出发，认为园长在园本教研工作中应成为规划者、引导者和实践研究者。③ 罗智英从园长促进教师专业成长的工作职责角度出发，认为园长应成为教师专业发展的倾听者、发现者、质疑者、支持者、合作者、指导者和服务者。④ 李生兰从幼儿园家长开放日活动中园长应承担的职责出发，认为园长扮演着引领者、观察者、指导者和评价者的角色。⑤ 有研究者从课程领导的角度分析幼儿园园长角色结构，⑥ 提出了园长的多种课程领导角色，如促进教师专业成长者、管理教学品质者、资源提供者、支持者与协调者；⑦ 幼儿园发展的设计者、事务的监督者、沟通与协商者、观念的领导者、工作的参与者；⑧ 新课程理念的提倡者、课程建设的决策者和引领者、课程建设与实施的组织者、课程资源的提供者、课程发展的协调者。⑨ 园

---

① 洪秀敏，杜海军，张明珠．乡村振兴战略背景下幼儿园教师队伍建设“中部塌陷”的审思与治理［J］．华中师范大学学报（人文社会科学版），2021，60（2）：170－178．

② 苏婧，田彭彭，吕国瑶，等．《幼儿园园长专业标准》背景下园长专业能力模型构建与提升——以北京市为例［J］．教育科学研究，2022（1）：86－91．

③ 谭曼娜．浅议园本教研中园长的角色定位［J］．学前教育研究，2005（5）：31－32．

④ 罗英智．园长在促进教师专业成长中的角色定位和工作策略［J］．辽宁教育研究，2006（2）：96－97．

⑤ 李生兰．园长在幼儿园家长开放日活动中的角色探析［J］．上海教育科研，2007（11）：70－72．

⑥ STARK J S. Testing a model of program curriculum leadership［J］．Research in Higher Education，2002，43：59－82．

⑦ 欧姿秀．台湾近十五年幼儿园园长领导研究派典转移之探究［J］．幼儿教育年刊，2002（9）．

⑧ 许玉龄．公立幼儿园园长的工作内容与角色［R］．“行政院国科会”专题研究成果报告，2002．

⑨ 邢利娅．幼儿园管理［M］．北京：高等教育出版社，2010：146－149．

长课程领导角色具有多样化特点。① 可见，不同工作职责使得园长角色具有多面性的特点，同一工作职责的分化也使得园长角色具有多面性。因此，对幼儿园园长角色的研究需要关注个体岗位任务和工作职责，岗位不同，园长角色也会不同，通常采用个案研究的方法拓展园长角色研究的分析深度。李敏谊、周晶丽采用个案研究的方法，对园长课程领导者角色的历史与变迁进行梳理和深描。研究发现，随着国家政策对课程改革、地区教育、园本课程开发的推进，园长课程领导的主体性增强，所受影响因素也日益多元化，各因素对园长课程领导的影响呈动态化。② 索长清从园长专业标准建设的角度，通过比较分析美、新、加、中四国的园长专业或职业标准，发现四国都强调园长的管理者、领导者、教育者角色。这与幼儿园园长的专业职责和工作任务紧密相关，从组织机构的规划和发展职责来看，园长是幼儿园机构的管理者；从园长的晋升制度来看，园长需要从幼师成长为园长，因此园长也是教育者；从教育教学领导、人力资源管理、合作宣传等职责来看，园长是幼师队伍的领导者。③ 各国在制定幼儿园园长专业或职业标准时，主要采用"先角色后素质"的制定原则与方法论，④制定专业标准需要归纳、分类园长职业角色，进而分析每一职业角色下的园长素质要求，因此，幼儿园园长专业标准的制定也标志着园长职业专业化已有明确的、直观的文字参照系。

**2. 关于园长专业发展的研究**

对园长专业能力的关注主要集中在园长的专业标准（专业素养）、职业专业化（职业成熟度）、专项能力培训三个方面。在世界各国促进园长专业化发展的诸多实践中，研制园长专业标准是其中的重要一环。⑤ 有研

① PLESS N M. Understanding responsible leadership：roles identity and motivational drivers［J］. Journal of Business Ethics，2007（74）.

② 李敏谊，周晶丽. 幼儿园园长作为课程领导者的历史与变迁——基于北京市某园长课程领导实践的个案研究［J］. 学前教育研究，2014（12）：41 - 46.

③ 索长清. 幼儿园园长角色职责与专业核心能力的比较研究——基于美，新，加，中四国园长标准的分析［J］. 外国中小学教育，2019（6）：40 - 46.

④ 易凌云. 幼儿园园长专业标准的构建原则与基本内容［J］. 学前教育研究，2014（5）：30 - 36.

⑤ 教育部师范司. 教师专业化的理论与实践［M］. 北京：人民教育出版社，2001：25.

究者从比较研究的角度,分析美国、加拿大等国家幼儿园园长的专业标准和专业素质结构,为我国幼儿园园长专业标准的制定提供"先角色后素质"的方法论启示。① 易凌云认为,构建幼儿园园长专业标准应遵循专业引领、能力为重、广泛适用的原则,他遵循确定角色、确定工作内容、确定专业素质的逻辑,建构了以专业精神、专业知识、专业能力为维度的幼儿园园长专业能力模型。② 有研究者在园长专业结构要素基础上,结合教育部于2015年颁布的《幼儿园园长专业标准》中对园长专业能力发展的要求和核心精神建构了园长专业能力的结构模型,将园长专业能力划分为本体性能力和延展性能力两大领域。本体性能力具体包括政策把握与执行能力、园所规划与计划能力、园所文化建设能力、保教工作指导能力、卫生保健工作指导能力、课程领导能力、教科研管理能力、队伍建设能力、指导家长工作能力、公共关系协调能力、安全管理能力、后勤管理能力、学习能力、反思能力、创新能力。延展性能力包括学习能力、反思能力、创新能力。并从15个要素中细分出50项园长专业能力指标。③

随着对幼儿园园长职业专业化要求的深入以及幼儿园园长专业标准的确立,对园长专项能力以及专项能力培训的研究也逐渐增加。现有园长培训研究主题主要侧重于现状与问题、培训需求、培训模式、思考与建议等。④ 可见,研究层面和实践层面都在通过强调培训来促进园长的专业化成长。在乡村学前教育从有学上到上好学的现实需求与乡村幼儿园园长总体质量不高的现实矛盾下,乡村地区急需一支具备专业素养的园长队伍来引领乡村幼儿园的发展。针对乡村幼儿园园长培训出现的问题,有研究者立足培训全过程,提出充分调研,掌握园长培训需求,制定方案,提升培

① 洪秀敏,刘鹏. 全美幼教协会《幼教机构管理者定义与专业素质》及其启示 [J]. 比较教育研究, 2015, 37 (3): 83-89.
② 易凌云. 幼儿园园长专业标准的构建原则与基本内容 [J]. 学前教育研究, 2014 (5): 30-36.
③ 苏婧,田彭彭,吕国瑶,等.《幼儿园园长专业标准》背景下园长专业能力模型构建与提升——以北京市为例 [J]. 教育科学研究, 2022 (1): 86-91.
④ 王小英,张鸿宇. 1999—2014年幼儿园园长培训研究的文献计量与内容分析 [J]. 东北师大学报(哲学社会科学版), 2016 (3): 194-198.

训适切性，规范管理，提供培训制度保障等建议。①

　　幼儿园园长的职业成熟度是指园长个人属性与所处职业环境的匹配程度。2019 年教育部幼儿园园长培训中心的调查显示，我国幼儿园园长任职资格存在条件达成不理想和培训实施不严格的问题。② 因此，要重视对园长入职时的学历、专业、资格证书、工作和管理经验等方面的考核，还要加强对园长职前培训的执行和监督力度。园长的专业发展渠道畅通是园长专业发展的动力所在。幼儿园园长职业成熟度受地域、学校体制、教龄、职称等因素的影响。一般来说，乡村地区和私立幼儿园的园长职业成熟度低于城市地区和公立幼儿园的园长，教龄和职称与园长职业成熟度的关系呈正相关。③ 因此，乡村幼儿园和私立幼儿园的园长应是园长队伍专业化过程中重点支持的对象，同时应该考虑到如何实施培训、提供哪些支持，以使乡村地区特别是乡村私立园的园长的个人属性与环境相匹配。园长的任职资格制度和专业职务晋升制度为园长的专业化发展提供了制度保障。虽然许多地方进行了园长职级制的改革，但这些改革远没有赋予园长独立的专业甚至是职业地位。调查数据显示，我国 76.6% 的公立幼儿园园长的职称按中小学（幼儿园）专业职务晋升，单独面向园长开展专业职务晋升的比例只有 4.4%。对于公立幼儿园园长而言，54.3% 的园长在成为园长之前已经具有一级教师及以上职称。④ 也就是说，我国幼儿园园长的专业特殊性没有得到体现，乡村和民办幼儿园的园长的专业界定模糊、专业发展机会少，公办幼儿园园长的专业职务晋升渠道狭窄并缺乏可持续性。

### 3. 关于园长领导能力的研究

　　幼儿园园长的领导力是园长专业素质结构中的核心能力。园长领导能

---

　　① 邢保华，杨巧萍. 农村幼儿园园长培训现状及其提升对策［J］. 学前教育研究，2018（5）：67 – 69.

　　② 张泽东. 中国幼儿园园长任职资格制度的沿革、现状与完善［J］. 社会科学战线，2021（8）：255 – 260.

　　③ 陈惠津. 幼儿园园长职业的成熟度现状及对策研究［J］. 教育评论，2015（9）：115 – 117.

　　④ 袁媛. 幼儿园园长专业职务晋升制度存在的问题与改革思路［J］. 四川师范大学学报（社会科学版），2019，46（6）：99 – 104.

力包括文化领导力、课程领导力、教师队伍领导力等。有研究从美学视角分析园长的课程领导力，认为幼儿园园长应引领课程向唤起幼儿、教师、家长对美好的追求，让他们在幼儿园中找到精神栖所的方向发展。园长要善于创设儿童喜欢的课程资源，领导幼儿园课程设计以创新思维培养为着力点。① 在农村地区，幼儿园课程开发对专家依赖性较强，所设计的课程都偏于传统，因此对乡村幼儿园园长的课程领导力提出了更高的要求。有研究者对乡村公办园园长的课程领导力进行研究，发现许多园长是行政领导、人际交往领导、校务决策者等角色，很少有园长把处于核心地位的课程领导的权力真正落到实处。② 有研究者从乡村园长自身观念出发，认为乡村园长在课程管理观念方面存在功利性较强、集权于己、重知识传递、缺乏策略的弱点，因此，对乡村园长专项能力的培训应该注重对提高其课程管理的丰富性、人际互动和情感交流、育人为本、合作管理等意识的关注。③ 可见，理论研究者认为提高乡村幼儿园园长专业素养的重要方向是转变传统的教育理念。然而，对于具有现代性特点的教育观念是否适合乡村地区的实际情况，却鲜有研究。从已有研究中可以发现，园长的课程领导力以管理好课程为标志，研究者普遍认为，幼儿园园长课程领导力的提升体现为将课程内容的实施、教学方法的达成等功利性观念转变为创生性课程观，将上下级管理观念转变为交流合作、多方协调的管理观念。但是关于乡村园长在乡村成长环境中专业素养的习得的研究较少，即"乡村园长是如何利用乡村的资源进行课程管理"，这一研究在很大程度上关乎乡村幼儿园发展的走向，也影响着乡村幼儿园的办园质量，本书接下来的章节会做一些探讨。

---

① 雷静，杨晓萍. 美学视域下的幼儿园园长课程领导力 [J]. 人民教育，2015（15）：34 - 36.

② 李容香，严仲连. 农村公办幼儿园园长课程领导的问题与对策 [J]. 教育探索，2016（10）：98 - 103.

③ 张莉，袁爱玲. 农村幼儿园园长课程管理观念现状及其改善建议 [J]. 学前教育研究，2015（2）：8 - 14.

# 四、为什么选择这 7 位园长

## （一）7 位园长简介

本研究共涉及 7 位乡村幼儿园园长，包括 1 位 60 后，2 位 70 后，2 位 80 后和 2 位 90 后，分别述说了 4 个不同年龄阶段乡村园长的成长经历，恰好组成 7 个独具特点的故事。7 个故事在各有侧重的同时也蕴含着一定的共性。7 位园长的具体情况如表 1-1。

表 1-1　7 位乡村园长的具体情况

| 序号 | 姓名 | 性别 | 出生年份 | 地区 | 教龄（年） | 任职园长时间 |
|---|---|---|---|---|---|---|
| 1 | 周伟 | 女 | 1978 年 | 湖南省益阳市 | 25 | 2018 年 |
| 2 | 杨萍瑜 | 女 | 1965 年 | 湖南省湘西州 | 38 | 2013 年 |
| 3 | 陈苏 | 女 | 1990 年 | 湖南省长沙市 | 11 | 2022 年 |
| 4 | 王锋 | 男 | 1984 年 | 湖南省岳阳市 | 13 | 2019 年 |
| 5 | 阳超 | 女 | 1991 年 | 湖南省怀化市 | 12 | 2020 年 |
| 6 | 陆涛 | 女 | 1983 年 | 湖南省张家界市 | 20 | 2021 年 |
| 7 | 胡玉双 | 女 | 1973 年 | 湖南省常德市 | 23 | 2012 年 |

## （二）7 位园长的选择

本研究主要采取"目的性抽样"，即按照研究的目的抽取能够为研究问题提供最大信息量的研究对象。① 根据样本的特性，我们主要采取了同质型抽样和分层目的型抽样，辅之以校标抽样。

---

① PATTON M Q. Qualitative evaluation and research methods [M]. London：SAGE Publication，1990.

首先，本研究通过"同质型抽样"选取了乡村幼儿园园长这一群体作为研究对象。乡村园长作为乡村幼儿园发展的"领头羊"、学前教育改革的"助推器"，是乡村教师队伍中有很大研究价值的内部群体。其次，我们采取了"分层目的型抽样"，按照个人情况、地域情况和专业情况三大方面以及其下设结构因素，将乡村园长分层，再在不同的层面进行目的型抽样，以期通过比较达到对这一群体总体异质性的了解。个人情况主要涵盖年龄及性别。从年龄结构上看，我们的样本较为齐全，有 1 位 60 后案主、2 位 70 后案主、2 位 80 后案主和 2 位 90 后案主。从性别结构上看，尽管幼儿园多以女性园长为主，但我们仍然找到了 1 位男性乡村园长，以确保研究样本的全面。从地域情况上来看，7 位案主均来自湖南省，其中有 1 位来自经济较发达的长沙县，即 3 号案主陈苏园长。我们期望通过对她的叙事研究，探寻乡村学前教育在经济较发达地区的被重视程度、发展态势是怎么样的，同时还存在什么问题，作为省内乡村学前教育教师队伍建设研究的补充对照。专业情况主要包括幼儿园类型、教龄等结构性因素。从学校类型上看，7 位案主都来自乡村公办幼儿园，但经历各有不同。1 号案主周伟园长和 7 号案主胡玉双园长都曾经有过在乡村小学任教的经历，1 号案主因"民办公助"的政策，还有过在民办园任教的经历。3 号案主陈苏园长和 5 号案主阳超园长都是学前教育科班出身，毕业就在幼儿园从事幼教工作。2 号案主杨萍瑜园长是从小学代课教师成长起来的，4 号案主王锋园长是部队转业到地方后转岗成为园长的，6 号案主陆涛园长则是由自己创立私立幼儿园，再逐步成为公办园园长的。从教龄结构上看，我们的样本较为完整，有 3 位 10 年以上教龄的园长，2 位 20 年以上教龄的园长，2 位 30 年以上教龄、扎根乡村的园长。最后，我们通过效标抽样，选取了 7 号案主胡玉双园长。效标抽样指的是事先为抽样设定一个标准或一些基本条件，然后选择符合这个标准或这些条件的个案进行研究。[1]抽样设计时，我们期望有一位对乡村教育有传承、有创新、有坚守的乡村

---

① 陈向明. 质的研究方法与社会科学研究 [M]. 北京：教育科学出版社，2000：108 - 115.

园长，因此，从担任村小校长的父亲手中接过乡村教育接力棒、有 30 多年乡村教龄、年过半百仍对乡村教育充满激情的胡玉双园长正好符合，于是我们力邀她加入我们研究。这 7 位园长都是课题组成员在从事教育工作的亲朋好友中筛选，或通过教育圈的好友介绍认识。我们尽量规避了通过教育行政部门的官方渠道联系，以期打消影响案主们业务考核的顾虑，以便更好地建立访谈关系和保证教育故事的真实性。

# 第二章　扎根乡土：乡村园长的
# 行稳致远之路

印度诗人泰戈尔说过："花的事业是甜蜜的，果的事业是珍贵的，让我干叶的事业吧，因为叶总是谦逊地垂着她的绿荫。"[①] 幼儿教育是叶的事业，在默默无闻中彰显其光荣。周伟，学前专业出身，从事小学教育9年后，回归本行已有15个春秋。她把自己最火热的青春献给了这份挚爱的事业，富有爱心、业务精湛、经验丰富，是小朋友口中和蔼可亲的园长妈妈。她用挚爱之情带领团队诠释了幼教之美。

## 一、案主描述及初印象

周伟，女，中共党员，1978年出生，益阳市南县人，长沙师范学校学前教育专业毕业，通过自考获得湖南师范大学汉语言文学专业本科学历。她1999年毕业后分配到南县武圣宫中心学校下属村小担任小学老师，2003年8月前往南县教师进修学校进修，一年后回镇中心小学担任教导主任。2008年，为响应政府"民办公助"号召，周伟回到幼教的岗位，在南县有才幼儿园担任了6年的业务园长。通过她的努力，该园先后被评为"益阳市示范性幼儿园""湖南省骨干民办幼儿园"。之后，她在南县三仙湖镇金色童年幼儿园担任园长。这4年间，该园连年获得"特类普惠性幼儿园""南县优秀幼儿园""益阳市优秀民办幼儿园"等荣誉称号。2018年，周

---

① TAGORE R. Stray birds [M]. Macmillan, 1919.

伟编制所在的南县城郊中心学校办了附属公办幼儿园，她回到原单位担任南县城郊中心幼儿园的园长。除了管理能力出众，从教二十多年，周伟个人也是荣誉满满。她笔耕不辍，撰写的多篇论文获得县级一等奖；2018 年获得南县"优秀幼儿园园长"荣誉称号；2020 年被南县人民政府授予嘉奖。"无论将来身处哪个岗位，我们始终要尽职尽责，不断提升自己。"周伟一直用这句话自勉和激励青年教师。

第一次与周园长见面是在一个春日的中午，那天天气很好，和风旭日。南县城郊中心幼儿园位于城乡接合部，我们从县城出发，坐车穿过一座小桥，驶入林间小道，大约 10 分钟就到达了幼儿园。我们站在幼儿园门口的大树下等待周园长，阳光透过缝隙洒在脸上，耳边充斥着虫鸣鸟叫，幼儿园淡绿色的围墙与周围的树林融为一体，给人一种世外桃源的感觉。没过一会儿，一位扎着干练的高马尾，身穿黑色短袖、蓝色牛仔裤的老师打开大门，热情地向我们招手、问好，一如前期数次线上交流给我们留下的印象那般开朗、和善。初次见面，我们之间的距离就被周园长幽默的话语与亲切的笑容拉近了。临近饭点，周园长热情地邀请我们在食堂用餐，品尝新鲜的豆角以及当地的特色美食。周园长向我们介绍，她和孩子们上午一起采摘了今年的第一批豆角，食堂的大厨将豆角烹饪成美味的菜肴，孩子们和老师们一起分享劳动成果，大家都十分开心。饭后，周园长带领着我们参观幼儿园，并作了基本的介绍。"我们园只有一栋两层高的楼，是之前一所中学的废弃宿舍改造而成的。一楼是食堂、教师办公室、杂物室、活动室，二楼是学生教室。"顺着楼梯往上走，楼道旁挂满了孩子们的档案袋与充满童趣的手工作品。"这是孩子们自己的画廊，"周园长指着一幅画笑着对我们说，"你们看，在星星（化名）的眼中，爸爸就像超人一样无所不能。"站在二楼向下望去，从大门到一楼活动室的这段距离是孩子们的游戏长廊，学校在树与树之间绑了蓝色吊床。活动室旁的空地上有一块小小的足球场，足球场旁边还有一个沙坑和一个小腿肚般高的水池。户外场地绿荫环绕，即使在炎热的夏天，孩子们也可以尽情地玩耍。

"园长妈妈好！"不知不觉，午休结束，孩子们陆续起床准备回家。周园长笑着回应他们，并挥手让其中一个瘦小的小男孩走上前："灰灰（化名）你热不，瞧你满头大汗，来，园长妈妈给你换件衣服。"边说边领着灰灰进了办公室。周园长不经意间的举动惹得课题组的成员很是羡慕，纷纷表示自己小时候也想要这样的园长妈妈和幼儿园生活。

灰灰换好衣服后，我们在周园长的办公室聊了很久，对目前城郊中心幼儿园甚至整个乡村幼儿园的办学困境有了更深的了解。面对这些困难，周园长淡定、从容，"我一直相信车到山前必有路"，她的眼神中透露出一股坚韧的力量。

## 二、园长是如何炼成的：孜孜不倦，永不止步

### （一）九年小学从教路

周伟在农村出生长大，父母是普通的农民。"他们一辈子勤勤恳恳，为家庭任劳任怨，一直在力所能及的范围内给予我帮助与鼓励。"周伟的父母文化程度不高，但对孩子们的教育十分重视。"我父母非常相信'读书改变命运'。我的两个哥哥读书不太专心，他们就将所有的希望放在了我身上，希望我能够通过自己的努力，考上师范学校，成为一名人民教师，走出农村。"受家庭观念潜移默化的影响，"教师梦"慢慢在周伟心中生根发芽。为了实现这个梦想，周伟从小到大刻苦用功，成绩始终名列前茅，最终不负众望，初中毕业时以全校第二名的优异成绩考上了长沙师范学校的公费师范生。志愿填报时，周伟最初的选择是特殊教育专业，但最后被学前专业录取了。虽然与理想专业有偏差，但周伟既来之则安之。学前专业学生除了学习专业课程外，还需要多才多艺，这对于没见过钢琴、没跳过舞的农村孩子来说是一个巨大的挑战，需要投入更多的时间练习。周伟是一个不服输的人，她在保持专业知识优异的同时，还在练功房里日复一日、年复一年地苦练。三年后，周伟从长沙师范学校毕业，原以为会直接分配到幼儿园，但1999年学前教育的重视程度不如今日，村里的幼儿园大多是自办的，园里基本上是编外老师，日常工作就是陪着孩子玩。

"我猜政府也舍不得将经过三年专业学习的师范生丢到乡村园陪玩。"周伟开玩笑地说。在 21 岁那年，她被分配到南县武圣宫中心学校下属的村小担任三年级的语文老师兼班主任，开始长达九年的小学教学生涯。

刚进入小学时的情形历历在目。"刚开始面对这些孩子，我会有些手足无措。农村三年级的孩子正是调皮的年纪，如何管理一个小学生班级，如何上好一堂课、写好板书，这些都是之前从未接触过的。"尽管学前教育和小学教育有很多不同，但在经验丰富的老教师的带领下，周伟很快适应了小学的教学节奏。在她看来，不同学段的教育是相通的，只是教育对象不同。"那个时候观摩得最多的就是老教师们的课，很多老教师都是千锤百炼过来的，我们一有时间就会坐在后面听课。"经过老教师的点拨，再加上私底下反复琢磨，没过多久，周伟就能有模有样地带班了。"有一年，一周有 21 节课，人数最多的班上有 57 个学生，教室环境也不太好，有些老师临时有事也会找我代课。那时候真是一心扑在教学上。"周伟不仅要教语文，科技、劳动、美术、音乐等课程也需要兼顾。回想起那段时光，周伟感叹道："我就相当于一块砖，哪里需要就往哪里搬。很累，但成长也很快。"一学期下来，性格活泼的周伟很受孩子们的喜爱与信任。"我们花了很多时间在 57 个人的班上，那会刚毕业，孩子们总会对年轻老师偏爱些。"那一年班上的孩子在期末考试中表现不错，周伟在年终评优时被授予嘉奖，这对年轻的她来说是莫大的鼓舞。"拿到这个奖我开心极了，做什么事都干劲十足，也让我明白付出一定有收获。"

我们聊到谁对她帮助最大时，周伟的回答让我有些意外。她想感谢两个人，一个是自己，另一个是周校长。周伟刚毕业的时候被分配的村小非常偏僻，不通公交车，每天上班都要走十多里路，遇上刮风下雨更是不便。"这样的环境激发了我的斗志，我想通过努力为自己争取更好的平台，得到更多人的认可，更好地实现自我价值。"功夫不负有心人，5 年之后，周伟就因工作表现优异，被调回镇上的武圣宫中心小学担任教导主任。在这里，她幸运地遇到了她职业生涯中的导师——周校长。"周校长是位很亲和的人，在工作上扎实细致，每一次出现问题，他都能精准定位，并帮你拆分。"刚成为教导主任时，因为缺乏经验，面对每次活动之后的资料，周伟都不知所措，细心的周校长注意到了她的窘境。"他告诉我，任何活动开始前都必须先做计划，要将过程性的资料收集整理，形成带有图片的文档，最后进行梳理总结。直到现在我们在开展语言类等主题活动时，我都会要求年轻老师这样做。"周例会也让周伟很困惑，她不知道如何才能开展得更有效果，周校长对此倾囊相授。"周校长指点我，让我在会议上带着大家总结亮点，反思不足，提前布置下周的规划，细化到每一位老师的工作目标，让老师们心里有数。同样，这个方法也被延续到了今天。"周校长对周伟的影响不止如此。"我的工作习惯养成，很大一部分原因是周校长这些人的引领，我不断汲取他们的工作经验，在实践中改进。"九年耕耘，逐渐开花结果，2008年，周伟被南县人民政府荣记"三等功"一次，被益阳市教育局评为"益阳市优秀教师"与"南县语文学科带头人"。从学前教育专业转到小学教育，那些年辛苦且充实，周伟这颗金子也开始熠熠发光。

2008年，学前教育慢慢回暖，南县民办幼儿园发展较快，但保教水平相对较低，幼儿园小学化教学极其普遍。为了提高民办学前教育整体办园水平以及应对资金不足的难题，政府提出了"民办公助"的政策，以民间力量来兴办幼儿园，政府部门给予一定的人力物力支持。由于周伟是学前专业出身，又有一定的管理经验，领导找到了周伟，希望她能参与进来。周伟有些心动，但要跳出熟悉的工作环境难免也有顾虑。"那会我的孩子四岁多了，我的老同事劝我，'人往高处走，水往低处流'，从镇上到县城去发展对孩子和我都能得到新的提升。"于是，在思考权衡后，周伟接受了领导的邀请。当时周伟是第一个且唯一一个被委派到民办幼儿园进行指导并担任业务园长的公办教师。"在小学待了这么多年，这一次的岗位调整，我相信是挑战，也是机遇。"

## （二）十年民办公助路

南县有才幼儿园是周园长在2008年重回学前教育岗位工作的第一所民办园。在面对身份、教育对象的转换时，周园长有些不适应。首先是管理方式的不同。"在小学，我们与校长、同事之间是平等的关系，大家遇事相互协商，甚至还可能与校长争论，但在民办园，我们面对的是老板、董事长，更多的是她做决策，我们来执行。"在教育孩子的问题上，周园长有些迷茫。"有才幼儿园的董事长不是做教育的，她把教育当成了一份投资，需要看得到的收益。"对此，周园长也表示理解。民办园投入大，带来很多工作岗位，董事长想要先取得经济效益，再来创造自身价值。因此老板们在管理园所时着眼点在于家长，而非孩子。其次是老师业务水平的悬殊。虽然公办学校老师的业务能力水平也参差不齐，但她们都接受过专业的教育和培训。而民办园的很多老师是社会招聘人员，缺乏专业的培养、培训，老师们在专业素质和教育理念上与公办学校存在一定差距。"当时南县的民办园在管理上比较随意，没有特定的规章制度与考核标准，也无人指导。"最后是教学上的差异。当时的南县有才幼儿园没有系统的、科学的课程，除了少部分的游戏时间，剩余时间基本被小学化的教学所占据，与学龄前儿童的身心发展规律不适应。"民办园服务于家长，家长看不到游戏活动带来的价值，但能直观的看到孩子今天学了几个数字，认识多少汉字。"

## 故事1 幼儿园小学化的危害

2008年，周园长的女儿婷婷（化名）快5岁了，她跟着周园长一起来到南县有才幼儿园读中班。婷婷所在的班级是有才幼儿园的特长班——蒙氏班。蒙氏中班的老师执证上岗，工作负责，非常优秀。蒙氏大班的老师同样是师范学校毕业。在有才幼儿园的这两年，老师们教的内容特别丰富，包括拼音、识字、写字等，老师们大多以讲授的方式进行教学，小学化教学特征明显。孩子们也都很认真地在学，婷婷同样乐在其中，她希望得到老师的表扬。但到了一年级，问题接踵而来。

周园长与婷婷的小学校长是朋友，也认识她班上的老师。一年级上学期，婷婷的老师给周园长打了两次电话，反馈婷婷在课上玩笔，跟同学说小话，不好好学习。周园长回来问婷婷，婷婷理直气壮地回答："上课一点意思也没有，老师讲的那些我都会！"周园长有些无奈，但也意识到，任由婷婷这样下去会更糟糕，即使婷婷平时的考试成绩还算不错。

作为一名有过小学教学经验的园长，周伟很清楚，老师在讲新知识时是有衔接与递进的，基础知识掌握后还有拔高的知识点。而那些在幼儿园接受小学化教学的孩子在进入一年级时，看到熟悉的知识只会觉得兴致索然。如果在小学刚开始没有养成良好的学习习惯，对学习不感兴趣，课上神游天外，最终的后果便是一年级吃老本，二年级勉强跟上，三年级掉队，进而恶性循环。

周园长当机立断，在一年级下学期开始对婷婷进行"回炉重造"。每日忙完园里的工作，周园长便盯着婷婷的学习，逼着婷婷默写课上学习的内容。人小鬼大的婷婷反抗无果后接受了现实，直到二、三年级才慢慢改正了幼儿园小学化教学带来的坏习惯。

亲身经历让周园长对幼儿园小学化的危害深有感触，她不愿意看到园里的孩子们深受其害。安时处顺不是周园长的做事风格，她下定决心要扭转局面。为了规范管理这所近 500 名幼儿的民办园，周园长又重新拾起了幼儿园的专业理论书籍，以《幼儿园教育指导纲要》和《幼儿园工作规程》为准绳，积极组织全体老师每周开展业务学习，帮助老师努力提高保教理论水平。同时周园长也和董事长进行了进一步沟通，希望有才幼儿园能够按照教育部的要求制定规范的、与幼儿发展规律相符的课程，加大"去小学化"整改力度，按省里的多元整合资源包引导老师上课。改革之前幼儿园以教学活动为主，规范之后不仅有教学活动，还有区域活动、游戏活动等。通过三年的努力，南县有才幼儿园先后被评为"益阳市示范性幼儿园""湖南省骨干民办幼儿园"。

在有才幼儿园的六年间，周园长与董事长在教育理念上存在诸多冲突，进行了很长时间的磨合。"孩子的游戏化活动需要添置材料、布置场所，但董事长舍不得拿钱出来，总认为这些东西是消耗品，这时就需要跟她斗智斗勇，反反复复跟她磨。在这整个过程中董事长的办园理念有所改变，但改变不多，这也是我从有才幼儿园转到金色童年幼儿园最根本的原因。"

2014 年，周园长开始了她第二段民办公助的园长之旅。三仙湖镇金色童年幼儿园是南县的一所高端民办幼儿园，2014 年建成，投入资金近 800

万元。民办幼儿园师资水平普遍不高，再加上金色童年幼儿园地处乡村，年轻教师流动性大，为保证保教水平，周园长开始花心思培养教师，希望打造一支保教水平高、服务意识强的教职工队伍。"园所有三位董事，牵头的董事姓黄。虽然黄董自身学历不高，不太懂教育，但她坚信办幼儿园有巨大的潜力和价值。相对来说，这个园所的董事们对孩子的关注度更高一些。"在推进游戏化活动以及幼小衔接的过程中，周园长与黄董的观念难免会有一些分歧，但与有才幼儿园不同。"黄董愿意听从我们专业园长的建议，放手让我们做很多事情，当我们想要开展一些活动时，她都会给予经费和人员的支持。"所以周园长认为这所民办园拥有科学的教育理念。直到现在，周园长与金色童年幼儿园的董事们还是很好的朋友。

## 故事2 "首战"告捷

2015年是周园长到金色童年幼儿园的第二年，益阳市举办了首届园长专业技能大赛。局领导非常看重这次大赛，指定她参加。周园长没有类似的经验，大赛没有考纲，理论考核、案例分析以及现场答辩等环节都要基于日常工作经验随机应变。她那时心理压力特别大，但很快就调整了心态。这事虽然不易，但也并非举步维艰。既然选择应战，便不能打毫无准备的战。

为了备战这次园长专业技能大赛，周园长利用起身边一切资源，按照每个环节准备比赛。对于理论考核，周园长捡起了大量教育理论和幼儿教育的相关知识。"有时候忙起来会忽略专业知识的学习，久而久之，从前学过的都会忘记，重实践轻理论是非常不可取的，二者缺一不可。"对于案例分析，周园长比较有底气，多年教学和管理经验帮助周园长积累了很多活案例。而且平时她便有意识去参加各种教育培训班和研讨会，与其他园长交流经验。除了自身的准备，周园长还借此契机组织园内教师进行教学技能的培训，提高园队整体的专业素质。

备战的日子转瞬即逝，大赛即将来临。"我还记得比赛前一天焦虑得一晚上没睡！"比赛当天虽然有些紧张，但结果不负众望。周园长出色的表现不仅得到了评委的认可，也获得了其他园长和专家的赞赏，最终获得大赛二等奖。

通过参加这次园长专业技能大赛，周园长明白，专业技能对幼儿园发展的重要性，也深刻体会到大赛并不是让人畏惧的龙蛇猛兽，而是"最近发展区"，蹦一蹦还是够得到的。四年时间，在周园长的带领下，金色童年幼儿园在县级评价中荣誉满满。

民办公助十年间，周园长并没有安于现状，也从未停止过对自身的专业能力的发展。她一直保持学习的心态，在保证专业技能水平的同时，还在不断提升科研水平，陆续发表了多篇论文，并在市级层面、县级层面都获了奖。她个人与民办园共发展、同进步。

## （三）兜兜转转从"心"出发

回顾这十几年的幼教工作，周园长有些感慨。她直言 2018 年获得的"优秀幼儿园园长"荣誉称号是对她重回幼教岗位最大的肯定，那年正是周园长回到本单位——南县城郊中心幼儿园任职的第一年。

南县城郊中心幼儿园建立于 2018 年，由一所中学的宿舍楼改造扩建而成，按 4 个班的规模建设。园所共有 11 位教师，其中有 3 名在编教师，所有老师均接受过专业学习与培训，保教素质有保障。可即使幼儿园硬件和软件条件都不错，但招生依然让周园长头疼。首先，城里的孩子一般不会选择来城乡接合部的幼儿园上学，由于园所离县城近，附近的居民大多进城务工，连带着把孩子也都带到了县城上学。每学期幼儿园的孩子大概都在 70~80 个之间，每个年级都只有一个班。其次，在生育率下降的大背景下，辖区内的另外 19 所民办幼儿园也需要生存。在民办园工作过十年的周园长十分清楚，民办园以经济效益为中心，为了赢得家长的认可与青睐可谓是各显神通。"在乡村，价格是家长们择园时的首位考虑因素。公办幼儿园的收费都是严格按照上级规定来的，没有民办园灵活。民办园的价格战对于公办幼儿园来说是致命的。另一方面，虽然现在教育部提倡幼儿园去小学化，但家长的观念仍然根深蒂固，他们认为小学学习压力大，希望孩子在幼儿园提前学到更多的学科知识，来缓解家长自己内心的焦虑，而不考虑孩子真正的需求。这时，民办园便会投其所好，家长需要什么，它就提供什么。所以，虽然我们的老师专业能力以及服务态度都不差，但我们在招生上的压力很大。"

面对困难，周园长从不坐以待毙。新学期开始，周园长会请小学老师到幼儿园给家长们开家长会，告诉他们应该做哪些心理、身体与学习准备，放松心态，帮助孩子科学地做好幼小衔接。"我们会让家长关注科学的育儿知识，注重孩子的习惯、社交以及情绪控制等方面的培养，这些往往是容易被忽略的。"不仅如此，周园长还会带着大班的孩子和家长参观小学，看看一年级的学生如何上课和学习。"因为我女儿婷婷曾经深受幼儿园小学化的危害，所以很多家长在跟我讨论这个问题时，我都会实事求是地跟他们讲明。"渐渐地，家长们被园长与老师们的专业素养所折服。"现在在我们园上学的孩子，没有一个家长想要转园，他们非常认可我们的教育观念。我们会和家长加强沟通，及时汇报孩子在幼儿园的情况，比如孩子在小班时是什么状态，到了中班又有哪些变化，在大班也并不比其他孩子差，让家长感知并参与到孩子的成长过程，加深信任。"

城郊中心幼儿园属于乡村幼儿园，园里的留守儿童占了60%。周园长和她的教师团队每年都会对留守儿童数量摸底统计，主班老师们对每一个留守儿童的情况了如指掌。虽然平时与爷爷奶奶微信交流较少，但是老师们每个星期都会针对留守儿童在幼儿园的发展情况跟父母们沟通交流，向家长汇报孩子们的进步和有待改进的地方。每个月末，老师们会以截屏的方式把他们与家长沟通的有效信息反馈给周园长。"老师们能解决的问题便由她们独立解决，如果遇到了困难，受到家长的质疑，我一定会出面跟家长沟通，即使可能会得罪家长，但我坚信，只要我们做好本职工作，就没有解决不了的问题。"家园沟通加强后，家长们对孩子的真实发展情况更了解，也更重视孩子的教育了，对幼儿园的工作也更加配合。

### 故事3 "大姐大"的转变

佳佳（化名）是中心幼儿园有名的"大姐大"，她在舞蹈、语言等方面表现都很突出，唯一的缺点就是见不得别人比她优秀。在班上她都要表现最好、要当C位，任何时候都要以她为中心。平时老师会选择孩子轮流当小班长，但她会让所有小班长都听她的指挥，如果有小朋友不听，便会趁老师不在的时候惩罚这个小朋友做深蹲。佳佳的这种性格与原生家庭关系很大。她的父母都在西安务工，从小被外公外婆带大。一家人基本都听外婆的话，而外婆又听她的话，小女孩在家占据着最大话语权，受尽全家人宠爱，如此一来便造就了佳佳强势的性格。

周园长很明白为何留守儿童会出现这样的行为。和孩子父母不一样，老人带孩子往往规矩意识比较淡薄。虽然每周在幼儿园的五天时间里，老师会对孩子的行为进行规范引导，但家庭教育也至关重要，孩子与家庭成员生活的时间更长，难免会被潜移默化。所以孩子行为习惯的培养，除了需要幼儿园进行正确的引导外，还需要家长对幼儿园工作的大力支持与配合，这样孩子才能够健康发展。

基于此，周园长通过多次沟通，使佳佳妈妈认识到问题的严重性：强势的性格会给其他人带来压迫感，这会阻碍孩子未来的人际交往。因此佳佳妈妈在暑假时特地请假回来陪伴在女儿身边。当发现孩子有做得不对的地方及时指出，让她知道哪些行为、语言是正确的，哪些是不应该做的，而不是一味地纵容。

佳佳进入小学后，周园长关注到她在面对更优秀的同学时，开始学会放下自己不服输的劲，能够心平气和地接受现实。通过这件事，周园长看到了家园合作的力量。"我们的老师能够及时关注到孩子的心理行为特点并反馈给家长，在获得家长的配合支持后，双方共同引导，才能使孩子更好地发展。"

# 三、治园经验：勠力同心，携手共成长

## （一）治园之本：活到老，学到老

马斯洛指出，自我提升的内驱力是一种努力追求提高的内在倾向，当较低的需求获得满足后，会产生新的更高的需求，逐步完成自我实现。[1]

---

[1] 姜一兴. 农村幼儿园园长专业发展的研究综述 [J]. 课程教育研究，2018（8）：21–22.

作为一名幼儿园园长，在带领幼儿园发展的过程中，最重要的工具其实是自己。乡村园长面临的挑战更加严峻，需要更多的磨砺，不放过任何学习的机会，虚心借鉴优质园的经验，将其与乡村幼儿园的现实状况有机结合，努力汲取营养，不断充实自己。

工作多年，周园长努力跟上年轻老师的步伐，每一年都会主动参加"国培"等各种形式的培训活动，以更新教育理念。从理论水平到实践能力，从专业素养到业务技能，从广阔的知识面到良好的学习习惯和方法，周园长一直在不断学习、充实自我，绝不落伍。做计划、制定方案、开展教研活动，她样样参与。2023 年 5 月，她担任起南县学前教育领域教研组组长，这次她将在县域层面和同行们再次砥砺前行。2023 年 6 月中旬，周园长跟随南县教育局学前教育股工作人员一起来到江苏常州学习。"每一次学习都有收获，我们会和其他来访人员一起讨论该如何学习、如何做，交流不同地区的学前教育经验。"通过这次学习，周园长发现，不同地区的学前教育发展程度差异较大，对于"以儿童为中心"这一理念，沿海地区贯彻得较为彻底，而内陆地区，特别是乡村幼儿园，存在落实不力的问题。面对这种情况，周园长感到自己学习得还不够，学习多了，自然会有解决问题的灵感与思路。"瓶颈与压力固然会有，但我认为坚持学习才是最好的出路。活到老，学到老，在退休之前，我都必须保持这种学习状态。"

### （二）育师之道：做好后盾，适当放手

教师的心理素质，尤其是教师的心理健康水平是教师整体素质发展的重要基础，直接关系到教育教学质量和学生的发展。教学、行政压力，或是自我期待受挫、精神疲乏，都可能造成幼儿教师的亚心理健康。[①] 对此，周园长非常重视。南县城郊中心幼儿园的老师不多，所以周园长会经常跟他们聊天。她发现当老师与家长沟通不畅时，哪怕只是一些小问题，也会

---

① 衣新发，赵倩，胡卫平，等. 中国教师心理健康状况的横断历史研究：1994—2011 [J]. 北京师范大学学报（社会科学版），2014（3）：12－22.

让老师们恐慌焦虑。比如孩子受伤后，有些家长会把问题归结于老师没有细心地照看孩子，老师们心里会委屈。遇到这种情况，周园长会及时安抚老师，并做好与家长的沟通工作。"每一位家长都希望老师对孩子的保护是全方位的，作为老师也会尽可能照看好每一个孩子，但难免会有疏漏。"幼师这个岗位需要更多的耐心，老师们毕竟不是超人，老虎也有打盹的时候。每当出现类似情况时，周园长总是很心疼老师。一年下来，周园长会综合考虑老师平时的工作量与工作态度，尽可能给予她们一定的物质上的鼓励。周园长坦言："我们幼儿园学生少，教师也少，内卷情况没有那么明显，所以在管理上我不仅不会苛刻老师，反而会更加人性化一些。"

作为园长，周伟总是始终坚守在管理、教学、研讨第一线，做老师们的表率，将自己的工作经验毫无保留地传授给老师们。当年轻老师遇到困难时，周园长给予真诚的关心与帮助，帮助他们走出困境。每学期周园长都会推门听课30余节，课后及时与老师们交流，找出不足，总结经验，带领全体教师积极钻研业务。周园长常说："当园长不能光发号施令，要在第一线带着大家一起干，工作只能比大家多干，心只能比大家多费。"她是这样说的，也是这样做的。周园长每天早上总是第一个来到幼儿园，亲切接待每个入园的孩子和家长，跟孩子们击掌问候，又总是最后一个离开。

周园长认为，适当放手，让年轻老师自己去尝试是对他们最好的肯定。放手并不意味着放宽标准。"有一次我们参加了一个区域游戏案例比赛，活动主题为'生活中的交通'，需要设计场地。由于没有专业摄影师，我们还需要自己录制，录好后送往市里。在布置场地的过程中，老师们有些随意，将交通标志线歪歪斜斜地往地上贴。我看到后，要求他们认真对待，用尺重新贴笔直。"周园长坚信，很多毫不起眼的小事实际上蕴含着重要的意义，认真做好每件小事，才是最好的工作态度。

"无论是园长还是优秀教师，都有一个很鲜明的特点，那就是执行力强。"周园长不仅要求大家今日事今日毕，还要求老师们每天放学后将一天的工作任务进行归纳、整理和总结，大多数老师都能在半小时之内完成。"老师的成长需要我们引领，但不需要我们时刻紧盯。我们需要做的是在家长面前给足信任，给予机会让他们表现自己。结合每个老师的特点，指点他们努力的方向，让他们的摸索有的放矢。"周园长从不吝啬对老师们的赞扬，哪怕他们有时候做的事不尽如人意，她也不会批评某个人，而是实事求是地将问题指出来。"我不会带着情绪针对他们，他们就像是我的家人，我们之间是平等的，只是在工作上我会提一些要求，同时也会听取他们的建议，相互交流。"年轻老师会有很多意想不到的创作灵感，比如制作美篇、开展幼小衔接的宣传或是每年的主题活动宣传，他们会有一些自己的想法。"我会建议老师们从哪些角度拍视频并做成宣传片，给他们提供大的思路。老师们根据总体思路，列出提纲、细化步骤，制作不同版本的备选视频，最后我们再一起讨论、选择。"就这样，在工作中相互磨合、讨论与反思，周园长与老师们慢慢建立起信任的关系。"我们幼儿园虽小，但园里的十位教师就跟人的十根手指头一样缺一不可，为了抵御困难可以抱成团，形成一股凝聚力。在这样和谐的工作氛围中，五年来，没有一位老师愿意离职，除非是被调走。"

回归公办园不到四年时间，周园长先后培养的两名青年教师被教育局选派到其他乡镇担任园长，走上了幼教管理岗位；还有两名青年教师成长为全县青年骨干教师。同行们都说南县城郊中心幼儿园是园长和骨干教师的孵化地。

### （三）尊重幼儿：让孩子做游戏的主人

周园长十多年来都非常看重"一日游戏"。最初在民办园接管业务时，周园长发现园内没有统一的教学目标，老师各有各的理解，但大体都是要求孩子们认识多少汉字、学会 10 或 20 以内的加减法等迎合家长需求的目标，以方便招生宣传。周园长那时的目标是希望孩子们能够按照一日活动流程，上午和下午安排不同的游戏活动，但思路也还不太成熟。到公办幼儿园以后，周园长的目标更加明确。"放手游戏，发现儿童"是南县城郊中心幼儿园的办园理念。"我们需要根据孩子的身心发展特点做整体部署。通过未来五年的努力，把咱们幼儿园建成师德修养好、保教质量高、幼儿喜欢、家长放心的优质园。"

关于幼小衔接，周园长也是采取自主游戏的形式开展，让孩子们在游戏中、在生活中自然而然地接触数字、汉字等，而不是像小学那样正儿八经地教学。老师们每天会在固定的时间段里让孩子们自由游戏，站在不同的角度对孩子进行观察。游戏结束后，孩子们回到教室集体讨论或小组交流自己今天玩了什么，进而形成属于孩子们的独一无二的游戏故事。"从孩子们讲述的游戏故事中，我们可以看出他们对经历的游戏活动的感知。从孩子对图画的构思和色彩的把控，及其与同伴的交往方式中，我们也可以观察到孩子的发展状况。我们的老师都会有非常完整的游戏观察记录和区域观察记录。"除此之外，老师们还会根据每个年龄段孩子的特点对他们进行评价。在期末家访时会带上孩子的奖状、发展报告评价表以及游戏观察记录操作卡，让家长们看到孩子们做了什么以及是如何做的，通过这些游戏又收获了什么，让家长们了解孩子们在符合自身身心发展规律的游戏中也能实现成长。

"我们现在提倡每天有一个集体的教学活动或户外游戏活动，也就是区域游戏活动。每天对应一个区域，比如周一安排健康，那么周二就是科学，周三语言，周四社会，最后是艺术。虽然区域有切分，但也不是完全独立的。比如在语言活动结束后，孩子们会选择喜欢的绘本进行涂鸦创作，这与艺术是相关的。科学区域涉及的相邻数字，会在其他区域的游戏活动中给孩子们巩固。区域活动之间相辅相成，通过这些活动，既能发展孩子的认知与表达能力，又能发展他们的同伴互助与社交能力。"周园长坚信，幼儿园阶段是孩子终身发展的基础，要想为孩子们长远发展做打算，启蒙的阶段就必须做好铺垫。

## 故事4 请借我一只手臂

这天又到了户外游戏活动时间。童童（化名）和珂珂（化名）骑着自行车在操场上尽情飞奔。不一会儿，童童气喘吁吁地走到周园长身边："园长妈妈，骑自行车太容易了，我不想骑了。""那你想干什么呢？"她指了指草坪上白色的滚筒，"你可以借一只手臂给我吗？我想试试！"既然孩子想挑战新的游戏，周园长自然会高兴地配合。

周园长小心翼翼地把童童扶到小型滚筒上，她颤颤巍巍地抓着周园长的手，眼睛牢牢盯着脚下的滚筒，视线一刻也不敢移开，生怕控制不好滚筒让自己摔下来。周园长一边安抚，一边鼓励她轻轻移动脚步。尝试几次后，渐渐地童童的膝盖伸直了，背也慢慢直了起来。不一会，周园长提醒她松开手试试，她勇敢地放开了周园长的手，并能在滚筒上保持平衡。

大概十分钟左右，周园长示意她下来休息一下，缓解一下紧张的情绪。休息不过两分钟，童童便喊来珂珂，让珂珂扶着她站上了滚筒。周园长很惊喜，孩子又开始新的挑战了。珂珂和童童一般高，想扶住童童，高度还不够。滚筒不受控制，会快速前后滚动，每当感觉有危险来临，童童都能快速地跳下来，然后重新爬上去，先微微屈膝，然后慢慢直立。一遍又一遍，一遍比一遍熟练。在充满挑战的游戏中，周园长看到了孩子脸上绽放的灿烂笑容和成功后的喜悦。

在以游戏贯穿幼儿一日活动理念的指引下，周园长深切感受到，很多时候，老师不需要教孩子如何玩，或者硬性介入孩子之间的互动。老师只需要站在旁边，看着孩子，当孩子有需要时，适时地伸出一只手臂，给孩子们提供一定的帮助，他们便能超越自己。这正是"安吉游戏"对教师的要求——"闭上嘴巴管住手，睁大眼睛竖起耳""把真游戏还给孩子"。"游戏观察，重在眼看、心想，尊重孩子、相信孩子，我们就能看到孩子们那一张张洋溢着幸福的笑脸。让幼儿在游戏中收获愉悦，在动作发展、社会交往、情感智力上不断突破自我，他们就能拥有最快乐、最幸福的童年！"

### 故事5　种植与收获

为了让乡村的孩子们更加亲近大自然，周园长带领老师们在幼儿园开辟了种植区。三块小土，几十个木箱，种植活动就这么热火朝天地开始了。每一个孩子都干劲十足，他们用小手把空心菜、辣椒、豆角、鲜花种子等撒向土里的小坑，再用小铁锹把土填平，接下来便是每日的定期浇水了。"我想让孩子们通过这样亲近自然的活动，在实践中感知四季轮回。

春天感受播种的快乐，夏天感受成长的喜悦，秋天感受收获，冬天再为来年春天做准备。"

经过孩子们的精心照料，蔬菜和花朵的长势都非常好。孩子们一起在种植区观察吐绿的嫩芽，细嗅绽放的花朵，感受季节带来的变化。周园长和老师们在菜园旁搭建了一个小厨房，组织孩子们摘菜、洗菜、切菜、炒菜，孩子们玩得不亦乐乎，沉浸在自给自足的快乐中。"乡村幼儿园需要这样接地气的活动，让孩子们有更多的生活体验，在生活中获得知识，培养他们的观察能力、科学探究能力。"

但由于种植区旁边的围墙较高，土地日照时间短，导致夏天植物生长情况不佳，周园长计划在下学期利用园里空置的十几个轮胎，在轮胎里种满鲜花和绿萝垂在墙上。周园长预想，到时候园里一定郁郁葱葱，满园春色，充满生机。同时周园长打算向领导申请，争取将隔壁废弃中学的一块大面积的菜地利用起来，并向园里的门卫爷爷取经，一起开辟更大的区域作为孩子们的种植区。

如今，南县城郊中心幼儿园已形成了鲜明的办园特色。这些年，周园长带领教师根据园所地域特点，挖掘乡土自然特色，开展"亲自然"教育。每个季节组织孩子们在种植园栽种鲜花、蔬菜，还让孩子们收获、加工、品尝蔬菜，让幼儿充分体验劳动的快乐。幼儿园的诸多创新教改题材被写成新闻，在省市县网络平台刊发，获得了社会的广泛好评，有力推动了南县学前教育的发展。

### （四）家园乡合作：用沟通化解矛盾

周园长认识到乡村学前教育的高质量发展，光靠幼儿园老师的力量是远远不够的，还需要乡村基层组织和家庭的全力配合，才能形成教育的合力。

城郊中心幼儿园地处育才村，村支部书记对幼儿教育非常重视。每年教师节村里都会给周园长和老师们举办联欢活动，周园长也会借此机会把幼儿园的主要经验做法以及困难与他们进行沟通。"园里的孩子性格各异，在朝夕相处中难免会有些摩擦。上学期小班有一个孩子，属于典型的留守儿童，非常以自我为中心。在玩游戏的过程中，如果他想要的玩具不在手上，就会去抢夺。老师发现后立马制止了，但被欺负的孩子会跟父母交流这些事情，其他家长便会来园了解情况。在我们和家长的深入沟通以及村支书的帮忙解释后，事情很快平息了，并获得了家长的理解。至于这个留守儿童，在充分了解到孩子的性格习惯与特点后，老师对他进行了针对性的引导教育。前期孩子还有一定的攻击性，到了期末，孩子的规则意识强了一些。"担任园长多年，类似情况时有发生，周园长总结了自己的经验。"一旦有矛盾发生，要及时化解，实事求是地告诉家长发生了什么，以及我们是如何处理的。因为孩子的表述和实际情况可能会有一些偏差，家长由于紧张自己的孩子，可能会把问题无限放大，甚至会存在一些臆想，认为幼儿园存在霸凌现象。但孩子们还小，刻意伤害其他小朋友的情况很少，大多数时候只是一种无意识的行为，想要做一些与众不同的事情来刷存在感，从而引起同学们的注意。"

除了日常跟家长的沟通，每学期开学与期末，周园长与全体教师会对园里的孩子进行上门到户的大家访，一对一反馈孩子的情况。临近寒假时，老师做完常规工作后开始了走访活动。园里教师不多，且大部分孩子住得偏僻，交通不便利，全部家访完需要几天时间。冬天虽冷，但老师们的心是火热的。他们将孩子的奖状、发展报告评价表、游戏观察记录操作卡、被褥等亲自送到家长手中，汇报孩子们的学习、发展以及评估情况。除此之外，寒假期间的安全知识宣传也必不可少。"我们保证孩子们在园里平安快乐地成长，将孩子交回父母后，也要对家长进行安全教育，告诉他们防火、防性侵必须从幼儿抓起等；而家长的建议我们也会积极采纳。在这个过程中，老师们都非常有成就感。我们园可能不是十全十美，但是我们的团队都在努力做到尽善尽美。我们不是最优秀的，但我们一定是在用心做这些事情，因为我们的眼里都是孩子。"这种急家长之所急，想家长之所想的行为，让家长们感受到幼儿园不仅是教育场所，还体现了老师们的爱与担当。

为了促进园所的高质量发展，周园长可谓是殚精竭虑。她在工作中紧密依靠家长，成立幼儿园家长委员会及膳食委员会，建立家长学校，建立微信群、QQ 群等家园互动平台；定期召开教工会、家长会，组织开展"护苗护花行动""大谈心""大家访"等活动；邀请家长一起，举行防灾减灾、家园联欢等亲子活动，共筑和谐友爱的育人环境，形成了家园共育的良好局面。丰富多样的家园活动，赢得了家长们的一致赞许。让孩子开心、让家长满意、让社会认可便是令周园长最感欣慰的事情。

# 四、现实困境与诉求探寻

## （一）幼师职称评聘不占优

周园长认为目前乡村幼师队伍建设最突出的问题是幼师们的职称评聘问题。职称象征着教师们的学术身份，是对教师专业能力与成就的一种认可。目前幼儿园教师职称没有单独序列，只能和中小学教师一起评。中小学教学比赛项目比幼儿园多，中小学教师获奖的机会也更多，因此幼儿园教师评职称时不占优，中级及以上职称很难评上。在周园长看来，幼儿园教师与小学教师一样都是人民教师，都是为国育才，只是学段不同。如果不能畅通幼儿园教师职称评聘渠道，幼教行业就很难吸引和留住优秀人才。

据我们了解，苦于没有名额，有些幼儿园十几年来没有一位教师评上中小学高级职称，即使老师的工作能力非常出色。近年来，幼儿园专任教师的学历整体呈现上移趋势，拥有专科及以上学历的教师比例逐年增大。通常来说，学历提高对职称评聘有一定帮助，但从现实上看，未评职称教师比例远高于拥有中小学一级以上职称的教师比例。这充分说明目前幼儿园教师职称结构不合理，老教师很少获得职称晋升的机会，幼儿园教师职称晋升的难度正在加大。一直以来，我国幼儿园教师和小学教师的学历层次差别并不十分明显，在 2003 年以前，幼儿园教师中专以上学历教师所占比例与小学教师持平，甚至略高于小学教师，到目前为止差异依然不十分明显。然而，与此不同的是，幼儿园教师和小学教师在职称方面的差异却十分明显。统计分析发现，虽然学历结构相似，但幼儿园教师中拥有中高级职称的教师所占比例明显低于小学教师，而拥有初级职称的教师和未评职称的教师所占比例明显较高。[①] 所以老师们职称晋升上的焦虑，周园长很理解，也很心疼："我能做的也只有鼓励她们做好当下的事。"

在 2023 的教师代表大会上，周园长向县教育局工委提出了这个问题。周园长认为评职称困难不仅是她个人的问题，其他优秀的青年幼师也同样面临这个困局。"我不知道现在协商的结果如何，如果能继续推进，不仅能为我，还能为所有的幼儿园教师带来好消息。目前的好消息是领导开始重视，但任何事情总有一个过程，我们也不能急于求成。领导有他们的难处，但我们该提还得提，至于什么时候能解决，我还是保持乐观的态度，今天不行，明天再来。"

## （二）园长培训待改善

2015 年教育部印发的《幼儿园园长专业标准》中将园长定位为"履行幼儿园领导与管理工作职责的专业人员"，并对园长的专业素养提出了更高的要求。园长需要不断学习和充电，才能更好地履职。对此，周园长非常认同。如果一名园长的幼儿教育专业知识不扎实，教育理念有偏差，可能会导致幼儿园朝着不健康的方向发展，不利于幼儿的身心健康。同时，这样的园长也不能为教师的教育教学提供恰当的指导，也不利于教师的专业发展。虽然现在周园长专业成绩很亮眼，但身处乡村，她的专业成长之路并非一帆风顺。

首先，园长培训机会城乡分配不均。目前的园长培训更多关注到城市公办幼儿园园长，而对广大乡村地区幼儿园园长的重视不够。相对于前者，后者在专业知识、管理能力、专业经历等方面都有较大欠缺，而且基本都缺乏系统的岗前培训，亟需职后培训补充提高。但乡村园长们恰恰缺乏培训机会，尤其是缺乏高级别、优质的培训机会。由于乡村地区偏远且

---

① 庞丽娟. 中国教育改革 30 年：学前教育卷［M］. 北京：北京师范大学出版社，2009.

资金有限，名师培训团队很难下来，部分培训教师存在照本宣科的情况，培训效果不太好。乡村园长们也很渴望得到名师的指导，和名师们进行交流，但机会不多，僧多粥少。

其次，园长培训针对性不强、形式单一。部分园长培训课程设计没有从园长的实际需求出发，只考虑了培训管理者和实施者的便利性，针对性不强，培训效果不佳。乡村幼儿园园长有其自身的特殊性，他们在理论知识、实际操作、管理策略等方面的水平都与发达地区的园长存在较大差异，送培单位应考虑到这一群体的特殊性，科学排课。而在一些培训课程中，培训者所讲内容主要为国内外先进的幼儿园管理模式、教学模式或活动形式等，这些对乡村幼儿园的可借鉴价值有限。此外，还有一些培训课程专注抽象理论，而不注重联系实际，导致园长难以吸收和转化，也使培训难以帮助园长胜任岗位需要。而且，目前的园长培训形式大多是讲座和参观学习，乡村园长往往处在被动地位，缺乏展示、互动与交流的机会。

除了外部因素，周园长认为自身年龄的增长也是导致专业成长出现瓶颈期的原因之一。"学前教育领域知识更新快，而乡村幼儿园的教育理念和方法相对滞后，无法满足现代幼儿教育的需求。全体教师包括我在内都需要一直保持学习的热情。但随着年龄的增长，记忆力已经比不上年轻时候，时常感到心有余而力不足。"

## 五、我的思考：加大向农倾斜，赋能乡村园长

园长作为学前教师队伍中的核心力量和关键少数，其队伍建设的质量直接决定着我国学前教师队伍建设的整体成效。[①] 西方学者斯佩克在其著作《校长角色》中指出，校长（幼儿园园长）有三种内在角色，即优秀的

---

① 曲正伟. 我国幼儿园园长队伍建设现状、问题及其发展对策——基于城区、镇区、乡村比较的视角 [J]. 学前教育研究，2022 (2)：27－44.

教育者、卓越的领导者和智慧的管理者。① 幼儿园园长在推进学前教育事业变革、促进幼儿园园所改进、引领教师专业成长和实现幼儿学习与健康成长等方面发挥着不可替代的作用。

## （一）多举措促进园长专业水平提高

有研究表明，不同地域的园长专业素养差异较大，城市幼儿园园长在教育教学素养和组织管理素养两个方面显著优于乡村幼儿园园长，并且乡村幼儿园园长的职业认同感低，大部分乡村幼儿教师觉得没有发展前景。② 对广大乡村幼儿园园长来说，日益积累的专业不自信如何改变，在很大程度上取决于继续教育是否具有成效。③《国家中长期教育改革和发展规划纲要（2010—2020）》明确指出，应提高园长业务水平，完善培养培训体系，加大继续教育培训力度。

首先，鼓励园长进行学历提升。一方面，鼓励园长参加专业化课程的学习，以满足他们个性化发展需求，同时也鼓励园长自主选择各类课程进行自我提升；另一方面，师范院校学前教育专业可以开设成人学校或夜校、网校，为园长提供学历提升的便捷通道，鼓励园长进行系统的理论学习，及时更新学前教育理念。教育主管部门和一线幼儿园也需要为参加各层次学历进修的园长或教师提供时间、待遇等方面的支持条件。

其次，各级政府和教育主管部门应搭建平台，让更多的园长"走出去"或者把专家"请进来"。中央实施"国培计划"以来，农村学前教育师资素质得到提高。"国培计划""省培计划"给园长提供了在职学习的机会，但并不是所有园长都能外出学习，幼儿园基本"一个萝卜一个坑"，一旦园长外出学习，较难找到合适的专人顶替。有的民办幼儿园"不在岗即不发工资且扣除全勤奖"，让园长害怕外出。县级教育行政部门要为园

① SPECK M. The principal ship: building a learning community [J]. Merrill, an Imprint of Prentice Hall, 1999.

② 李振峰. 欠发达地区农村幼儿教师素质现状调查分析——以鲁北地区滨州市为例 [J]. 教师教育研究，2014，26（2）：6 - 12.

③ 汤颖，邬志辉. 农村幼儿教师继续教育模式构建 [J]. 成人教育，2018，38（5）：80 - 83.

长“带薪培训”提供支持，并探索“置换培训”等方式。① 同时，基于人力、物力、财力等成本因素，可聘请部分高校学前教育专业教授、业内专家下乡进行巡回讲座，让更多的乡村园长和幼儿教师享受城市同级别的优质学习资源，从而缩小城乡教育差距。同时，还可邀请教育界外专家下乡讲座，这不仅有利于园长和教师的文化底蕴积累和视野开阔，还能促使他们跳出幼教看教育，拓展对教育的认知。

最后，线上培训与线下培训相结合。“互联网＋”时代的到来以及信息技术的快速发展为教育培训工作带来新的变革。除了“国培”“省培”等培训方式，基于网络信息化的远程培训形式也强有力地助推了乡村园长培训的内涵发展，从而可以依托网络开展具有针对性的学习计划。与此同时，网络学习在一定程度上能够解决乡村园长的工学矛盾，充分利用网络平台，将常规化培训与个性化培训相结合，将线上培训和线下反馈相结合，整体学习和局部学习相结合，从而保障园长学习时间的完整性，也进一步提高培训的便利性和实效性。②

### （二）多渠道加强乡村园所人才储备

加强乡村幼儿园教师队伍建设是实现乡村学前教育高质量发展的必要前提。尽管各级政府通过特岗计划、定向培养等方式，适当弥补乡村幼儿园教师的数量缺陷，但随着我国乡村幼儿园入园人数的急剧增加，教师的培养和补充速度已经远远跟不上乡村学前教育的发展需求，③ 我国乡村幼儿园教师队伍建设不容乐观。乡村学前教育是当前我国学前教育领域发展的重点与难点，教师队伍建设不仅要关注师资补充的源头与机制，也要重视其生存状况与专业发展。

首先，构建乡村幼儿园人才培养共同体，形成乡村幼儿园人才供给补

---

① 邓小菊. 湘西北地区农村幼儿园园长职后培养研究［J］. 品位·经典，2022（12）：73 – 76.

② 古芳瑜. 关于提高幼儿园园长培训有效性的思考［J］. 中国培训，2020（12）：57 – 58.

③ 李洋，陈希. 农村幼儿园教师队伍建设现状与促进策略［J］. 学前教育研究，2018（9）：61 – 63.

充机制。《中共中央国务院关于全面深化新时代教师队伍建设改革的意见》提出"切实提高生源质量，对符合相关政策规定的，采取到岗退费或公费培养、定向培养等方式，吸引优秀青年踊跃报考师范院校和师范专业"。[1]因此，为有效培养职前幼儿园教师，师范院校应牵头构建以政府为主导，院校为主体，依托优质幼儿园，乡村幼儿园深度参与的多方协调的乡村幼儿园人才培养共同体。在此过程中，政府部门通过政策支持、资金投入等保障机制为乡村幼儿园人才培养共同体的发展与合作提供平台；培养职前幼儿园教师的院校充分发挥自身优势，对农村急需的幼儿园教师采取"定向招生、定向培养、订单培养、公费就读、带编安置"等方式进行培养。与此同时，强化与优质幼儿园的合作，充分利用优质园的教育教学、管理等资源，进一步开展对乡村幼儿园教师的培训帮扶工作，建立城乡幼儿园教师的双向流动和交流的长效机制，实现优秀师资共享，逐步提升乡村幼儿园教师队伍的稳定性和专业化发展。[2]

其次，健全乡村幼儿园教师职后自我发展机制。教师的自我发展是系统化的个体与外部环境交互作用的结果，涉及内在与外在两方面，教师个体内在因素包括自我意识、自我监控、自我调节、自我实现等；外在因素涉及教师专业发展的经验与支持条件。因此，乡村幼儿园教师应将专业标准作为自身的工作行动指南，树立终身学习理念，坚持以幼儿为本位，积极参与教研、培训等活动，制定符合自身的专业发展规划，不断提升专业素养。根据国家相关职后教育规定，幼儿园有必要因园制宜、因人施教，对教师进行有效的激励评估，多渠道拓展教师学习资源，搭建网络学习共同体平台，促进和提升教师的自主学习。与此同时，通过完善"新手教师—合格教师—骨干教师—优秀教师—教学名师"的教师梯队建设机制，帮助教师精准定位自身发展点与生长点。[3]

---

①　中共中央，国务院.中共中央国务院关于全面深化新时代教师队伍建设改革的意见 [N].人民日报，2018－02－01（1）.

②　高晓敏，张洁，刘岗.农村幼儿园教师专业能力发展现状及提升对策 [J].学前教育研究，2020（6）：63－71.

③　高晓敏，张洁，刘岗.农村幼儿园教师专业能力发展现状及提升对策 [J].学前教育研究，2020（6）：63－71.

### （三）多途径落实乡村园长福利待遇

长期以来我国城乡学前教育发展极其不平衡，乡村学前教育明显落后于城市，学前教育的城乡差异成为阻碍我国学前教育事业健康发展的重要因素之一。根据调查结果，城乡园长在职称结构和学历结构等方面有明显的差异。此外，相较于中小学校长而言，幼儿园园长目前的社会地位和薪酬待遇仍普遍偏低，缺乏良好的外部支持环境和内部激励机制。工资待遇低、工作条件差、升迁机会少的现实情况让很多园长不愿留守乡村，影响乡村幼儿园园长队伍的稳定性。因此，多途径落实乡村园长工资福利待遇刻不容缓。

首先，应切实贯彻落实《中国教育现代化2035》提出的"落实工资福利倾斜政策，使乡村教师实际工资收入水平不低于同等条件县镇教师工资收入水平。关心乡村教师生活，全面落实集中连片特困地区生活补助政策，依据学校艰苦边远程度实行差别化补助，鼓励有条件的地方提高补助标准，努力惠及更多乡村教师"。通过设定最低工资标准来保障乡村地区幼儿园园长的基本权益，并增加偏远地区幼儿园园长的津贴补贴，激发其工作积极性和荣誉感，吸引和稳定优质园长，减少流失。[1] 另外，对乡村园长实行更加人性化的绩效考核制度，增加奖励性措施，以奖代惩，发挥绩效考核制度的激励功能。[2] 同时，政府应为乡村园长合法权益的实现提供政策和制度上的保障，这也是稳定乡村园长队伍的重要途径。

其次，在职称评定过程中要向乡村倾斜政策。应考虑乡村教育工作的性质与特点，优化岗位设置结构，增加职称评定名额比例，实行向长期工作在农村基层和艰苦边远地区的幼儿园园长倾斜的职称评聘和社会保障优惠政策，[3] 或通过学历补偿或者进修等方式给予乡村园长平等的发展机会，

---

① 洪秀敏，陶鑫萌. 农村幼儿园园长专业素养的现状、影响因素与提升策略 [J]. 北京教育学院学报，2022，36（2）：46－54.

② 林菁，蔡佳佳. 幼儿园园长队伍建设现状与发展策略 [J]. 宁波大学学报（教育科学版），2018，40（4）：120－126.

③ 高丙成. 我国幼儿园教师职称评聘的现状与对策 [J]. 幼儿教育，2015（9）：26－30.

使乡村园长安心从教、幸福从教，从而稳定乡村地区幼儿园园长队伍，带动农村学前教育的可持续发展。

最后，建议在园长已有职称的基础上，全方位综合评定其职务等级。目前湖南省大部分地区，幼儿园教师职称评聘还没有单独序列，和中小学老师一起评职称天然不占优。为了解决这个问题，可以在园长已有教师专业技术职称的基础上，综合他们的任职年限和德、能、勤、绩、廉等因素，全方位考察其专业水平和对教育的贡献，给予相应的专业职务等级认定。例如，规定具备高级及以上教师专业技术职称的可以直接申报特级、一级园长，具备中级及以上教师专业技术职称的可以直接申报二级园长，具备初级及以上教师专业技术职称的可以申报三级园长。①

**【政策回顾】**

（一）健全教师培训制度。出台幼儿园教师培训课程指导标准，实行幼儿园园长、教师定期培训和全员轮训制度。研究制定全国幼儿园教师培训工作方案，用两年半左右时间，通过国家、省、县三级培训网络，大规模培训幼儿园园长、教师，重点加强师德师风全员培训、非学前教育专业教师全员补偿培训和未成年人保护方面的法律培训等。创新培训模式，支持师范院校与优质幼儿园协同建立培训基地，强化专业学习与跟岗实践相结合，增强培训针对性和实效性，切实提高教师专业水平和科学保教能力。

——中共中央、国务院《关于学前教育深化改革规范发展的若干意见》

（二）推动学前教育教研改革。加强学前教育教研员队伍建设，遴选优秀园长和教师充实教研岗位，每个县市区至少配备一名学前教育专职教研员，建立省、市、县、园教研协同机制，全面提升专兼职教研员的专业能力和研究能力，打造高素质专业化学前教研队伍。完善教研指导责任

---

① 袁媛. 幼儿园园长专业职务晋升制度存在的问题与改革思路［J］. 四川师范大学学报（社会科学版），2019，46（6）：99-104.

区、区域教研和园本教研制度，配备必要的网络教研装备，实现各类幼儿园教研指导全覆盖。教研人员要聚焦教师专业成长需求和保教实践问题，分类制定教研计划，创新教研方式，及时研究解决教师保教实践中的困惑和问题。

——湖南省教育厅等九部门关于印发《湖南省学前教育发展提升行动计划（2022—2025 年）》和《湖南省县域普通高中发展提升行动计划（2022—2025 年）》的通知

# 第三章　民族地区幼儿守护人

从曾经的放牛娃到现在的老园长，她的每一步都凝结着汗水与泪水。她像那初升的朝阳，明亮而坚韧，既照亮了自己的人生，又照亮了民族地区幼儿的未来。在她的成长轨迹中，我们看到了爱与坚持，奋斗与收获。这不仅仅是一段成长的旅程，还是一首对梦想、对爱、对幼教事业的赞歌。在这片有故事的土地上，她以真情做真教育，守住了初心，不负"最美幼儿缘"。

## 一、案主描述及初印象

杨萍瑜（化名），女，生于1965年9月，苗族，湖南省湘西土家族苗族自治州古丈县默戎镇龙鼻村人，中小学高级教师，中央广播电视大学汉语言文学专业函授毕业。她1985年参加工作，从教39年，担任业务副园长19年，喜爱运动、旅游、拍短视频。起初默戎镇没有幼儿园，只有默戎镇希望小学学前班，直到2003年默戎镇中心幼儿园才正式成立，是古丈县第一所乡镇公办幼儿园。2006年，该园被评估认定为"湘西土家族苗族自治州（以下简称湘西州）示范性乡镇幼儿园"，2012年择址新建，2016年更名为默戎镇九年一贯制学校附属幼儿园。

因为疫情，我们和杨园长的初步访谈是在线上进行的。"积极向上""充满活力"是我们对杨园长的第一印象。杨园长的朋友圈总会时不时转发有关舞蹈教学的视频，偶尔也会上传自己的练习视频。访谈时我们偶然得知，杨园长在一年前崴伤了脚，半年后才基本愈合，那段时间即使挂着拐杖，她都依然没放弃舞蹈。

2023年4月上旬，我们终于和杨园长敲定了见面的时间。从长沙出发，4个小时后，我们抵达古丈西高铁站。高铁站距离幼儿园还有40分钟车程，我们沿着山区公路缓缓行驶。一开始道路较为平缓，窗外风景秀丽，途中经过多个小山村。渐渐地，道路开始变得崎岖，弯道连绵，翻山越岭之后车子终于进入了默戎镇。龙鼻村内民居依山而建、鳞次栉比、延绵不尽，所有房屋都是传统建筑样式，有经过风雨吹打、岁月浸染的老宅，也有仿古的新居。村里装上了宽带，通了公路，既有现代化的痕迹，也保留了原来的生活韵律。穿过一条狭窄的小道，终于看到默戎镇中心幼儿园了！车不能再往里开了，司机把我们放在了路口，给我们指了路z由于太过兴奋，课题组小周顺着司机指的方向直冲了过去，完全没有注意到脚下正在铺设中的水泥路，直到脚底传来一阵阻力，才发现双脚已经深深陷入水泥里。她赶紧跳到了旁边的空地上，望着满是泥浆的鞋子手足无措，这时，一位施工队的工人告诉我们，地上有个水桶，可以舀一勺水洗洗。在她冲洗鞋子的过程中，工人师傅主动走上前，用手捧水，直接帮她擦洗鞋子。这个小插曲让我们感受到了村民的朴实和温暖，也让我们对龙鼻村的好感度直线上升。

# 二、园长是如何炼成的：
# 栉风沐雨守初心，不负最美幼儿缘

## （一）放牛少女进学堂

### 1. 新媳妇一语点醒放牛娃

20世纪六七十年代，乡村贫穷，医疗条件落后，杨萍瑜的母亲在她6岁时就因为难产离开了人世，从此她便成了放牛娃。继母是个农村妇女，对她的学习也没有过多的要求。"还没上学之前我很调皮，从来不和女孩玩，都是和男孩一起玩。加上母亲过世得早，没有人管束，很自由。"

杨萍瑜 11 岁那年，村里来了位新媳妇，外村嫁过来的，虽然没有读过书，但思想很前卫。一般公婆不会让新媳妇干太繁重的农活，正逢春季，便让她和放牛娃们一起到山里面看牛。时间久了，新媳妇看杨萍瑜总是一个人，便问道："妹妹，你每天要放牛，背着背篓打猪草，还要砍柴，你觉得累不累？""不累！"那时的杨萍瑜管着四头牛，每天跟在牛屁股后面，无忧无虑，根本没想过读书这件事。父亲是个木匠师傅，村上很多木房子都是他修建的，当时家里经济条件也还可以，他还经常给修铁路的人做木工，一到赶集的时候，便会给杨萍瑜两三毛钱，让她开心地去买东西。"那时候村子里面好多修铁路的人，全国各地的都有，有山东的、贵州的、四川的，还有北京的。我父亲给他们干活后，他们多多少少给我们点补给，比如给我们粮票可以到他们的食堂里打馒头，白面馒头好大一个，我还是第一次吃。你说那时候生活困难吗？客观上来说是的，但那时自我感觉过得还行，因为除了能够吃饱饭，还能吃到馒头这样新奇的东西，也有一种幸福感。"

有一次，杨萍瑜的牛蹿到坟堆里，她很害怕，不敢去赶，只能着急地哭。新媳妇看到了以后说："别哭别哭，我去帮你把它们赶出来。"之后她对杨萍瑜说，"你看你，如果不读书，以后还是只能背着那个小背篓干农活，等到背篓的屁股烂掉了，你都赚不到钱，以后有你哭的份！"那时候流行打算盘，新媳妇又说："那些和你一起长大读了书的女孩子们以后坐在凉快的办公室里，打起算盘来吧嗒吧嗒响，多舒服。没有文化，你将来就找不到工作，等到那个时候真的是寸步难行了！"新媳妇的一番话犹如醍醐灌顶，让杨萍瑜下定决心去读书。

杨萍瑜父亲和继母的身体都不太好，为了不给家里增添负担，她想到了卖柴赚学费的办法。杨萍瑜每天到山上放牛，都背一小捆柴回来，大人们也没烧她的柴，久而久之她便囤了一大堆。她准备等到自己想去上学时，再把这些柴偷偷卖给粮店烧石灰用。为了不让父亲担心，她也没提前跟他商量。"我记得很清楚，当时卖了三块五角钱。"杨萍瑜拿着钱去报名了，当天牛也没放，又正好碰上了母牛打栏，在牛栏里比较狂躁，幸好和她一起放牛的老奶奶们帮忙把牛放了。几天以后，父亲慢慢发现牛没有人放了，便一脸疑惑问杨萍瑜："你不放牛了？那没有人放牛了怎么办？""我要读书！""你要读书可以，那你读书以后，想穿新衣服就没钱给你买了，毕竟你下面还有两个弟弟一个妹妹。""我不要新衣服，我要读书。""那你真的不要？""是的。"就这样，杨萍瑜答应了父亲的"交换条件"，满心欢喜地去上学了。由于家里实在没有余钱，后来那几年杨萍瑜真的没添新衣服了。父亲看出杨萍瑜内心是真的渴望上学，也没有阻止她，甚至后来每一个学期都为她准备了学费，暂时凑不齐学费的时候，父亲也会先去学校找老师赊账，等到做木工赚了钱再去补交。杨萍瑜告诉我们，她并不是家里第一个上学的小孩，她的弟弟当时也在读书。家里条件有限，不能供两个孩子同时读书。"庆幸"的是，弟弟成绩不太理想，认为自己不是读书的料，便把机会让给了她，不然她恐怕很难继续上学了。

### 故事1　父亲

说起父亲，杨萍瑜的脸上满是自豪与崇拜。杨萍瑜的父亲很聪明，不仅是个木匠师傅，还是个多才多艺的人。父亲那双巧手总是能够创造出令人惊叹的作品，他亲手搭建的木房子，坚固耐用，体现着他对这门手艺的热爱和专注。"我们这里的木房子几乎都是他帮忙建的，他是真正的大师傅。"父亲很善良，很多时候他去给别人做嫁妆，不拿别人一分钱；有时候帮别人修房子，也只拿一半或者三分之一的工钱。所以无论走到哪里，别人都叫他杨师傅，都夸他是好样的。父亲总是不厌其烦地为乡邻们解决问题，用自己的智慧和经验为大家创造美好的家园。

杨萍瑜的父亲原来也读过书，但木工技术是自学的。杨萍瑜小时候总想着如果自己有文化、有能力，也想学木匠，将来也要给人建房子。在她看来做木匠除了可以赚钱，还有一个好处就是可以去别人家吃饭。那时杨萍瑜听哪家有斧头劈板子的声音，就跑到那家去找父亲，一进屋就想吃饭，但她也不会吃白食。父亲把木头劈成块，这个过程中会产生很多刨木花，乖巧懂事的杨萍瑜就帮着一起收拾，把木头块收到一边，整齐摆好，把刨木花打扫干净。屋主们都很喜欢她，称她是"小师傅"。"跟着我父亲一起，我就是小师傅，无论我到哪里，大家都很喜欢我。有时他们会告诉我父亲，'把你那个小师傅也叫来，好给我们清理这些刨木花'，都说我比别的孩子多一个心眼，为了心安理得地在别人家吃饭想出这招。"

父亲还会做鞋，曾经给杨萍瑜做过一双麻底的布鞋，让她印象深刻。鞋做好的那天，父亲立刻就给她穿上了，这时听到外面有人喊"起火了"，一看农田稻草堆的方向冒着黑烟，父亲毫不犹豫地冲出去救火，留杨萍瑜一人在家里踩水玩。鞋踩湿了后，她随手放到火边烘干，没想到烘干后的布鞋竟被点燃了，父亲亲手做的新布鞋就这么遗憾地烧毁了。每每想起这双鞋，她都能感受到一份浓浓的暖意，那是她与父亲之间的特殊纽带，这种情感无法言喻。

父亲是杨萍瑜生命中最重要的导师和引路人。在父亲的影响下，杨萍瑜走出了属于自己的人生道路，用自己的双手创造了美好的生活。父亲刻苦认真的态度和无私奉献的精神，也是杨萍瑜职业道路上的一面镜子，激励着她不断追逐梦想，勇往直前。

**2. 求学路上遇良师**

1977 年，12 岁的杨萍瑜终于步入小学，成为了一名二年级的学生。那时周围同学都开始学说汉语，只有她一窍不通。上学第一天，班主任外出学习，一位姓杨的男老师来代课。"杨老师很负责，那时他还是民办教师，他写了一黑板的拼音，叫大家读。我年纪最大，坐在教室的最后面。他手指一点，全班就跟着一起读。第一个生字是'腿'，我看见他们每个人嘴巴张大喊着：'t-ui 腿，大腿的腿。'我瞬间傻了。我开始埋怨自己怎么这么蠢，别人都会，我为什么不会。"下课后，杨萍瑜躲在角落里偷偷抹眼泪。杨老师并不知道她是新来的学生，便问道："你为什么哭了？""我不会。""你二年级了还不会啊？""我以前没读过书。""不要紧的，等你班主任回来了我跟他说。"几天后，班主任朱老师回来了，他了解到杨萍瑜的具体情况后，就把语文书翻到最后总复习的声母表、韵母表，帮她补习。也是从那天开始，朱老师每天都会给杨萍瑜补课。第一个学期过后，杨萍瑜还跟不上班，但是朱老师一直鼓励她不要放弃。就这样补到了三年级，功夫不负有心人，杨萍瑜终于跟上班里的速度了。到了四年级，她班上的数学老师换了，应用题的解法杨萍瑜根本听不懂，数学老师吴老师便利用午休时间在办公室帮她讲解、补习。在诸位老师的帮助下，她的成绩逐步提高了。

杨萍瑜打小就会疼人，父母大清早就要去山里做农活，她每天早起煮好早饭，放学回来帮忙割猪草。老师清楚她的情况后，便不断鼓励她，家务不能误，学习也不能误，要做个三好学生。那时候的小学是五年制，很快杨萍瑜便面临小升初，班主任朱老师觉得她是个好苗子，总是跟她描述他以前在湘西州民族中学读书的美好生活，杨萍瑜很向往，希望自己将来能考上。幸运总是眷顾努力的人，之前湘西州民族中学没有到古丈县招过生，但杨萍瑜快小学毕业的时候，学校到这来招生了。杨萍瑜以最优异的成绩考上了湘西州民族中学。这是全自治州最好的一所中学，那个时候当地学生考上湘西州民族中学，就好像是考上清华、北大。全县只考上了两个人，另一个是县一中的教师子弟。在杨萍瑜眼里，有好老师的一路陪伴与鼓励，自己比任何人都幸福。"他们都很关心我，每天都无偿给我补课，让我感觉到我将来可以成为对社会有用的人。没有他们我就考不上湘西州民族中学。真的，我这一辈子很幸运的就是遇到了很多好老师。"中学时期的杨萍瑜更加努力勤奋，老师、同学们都很喜欢她，并选她当了班长。到湘西州民族中学读书后，她发现班里同学几乎都是子弟，她是全班家庭条件最差的一个，但幸运的是，初中班主任给她申请了助学金，帮助她暂时渡过了难关。

## （二）峰回路转当园长

### 1. 报考幼师重燃希望

杨萍瑜在湘西州民族中学就读时，家里发生了一些变故。那时候实行了包产到户，各家各户要自负盈亏。继母的身体越来越差，不能下田做工，父亲为了照顾继母，也不能出去做木工，家里的经济来源断了，供不起杨萍瑜上学了，她不得不中途辍学。当时她心里烦闷，对自己的未来感到很担忧："就这样没书读了，以后会嫁到什么地方去呢？如果自己赚不了钱，还不幸嫁给一个对自己不好的男人，我这辈子怎么办？"她在书上看到许多人通过自学，也能够有一条还不错的出路。即使辍学了，她也依然相信只有知识才能改变命运，于是她白天做农活，晚上看书。

"我一边放牛，一边学习，通过自己的劳动去赚钱，再去换一些书回来看。"直到有一天，她偶然听到一个消息，默戎镇希望小学学前班因为师资流失，要新招代课教师，杨萍瑜赶紧去报考。好不容易过了笔试，面试环节的评委老师说要跳舞，杨萍瑜傻眼了："我从来没跳过舞。"她突然想起在湘西州民族中学读书时，高中部有一个女孩跳过"走在乡间的小路上"，那个女孩跳得特别好，杨萍瑜尝试着模仿她的舞姿，结果一个动作都没成功。正当她没辙的时候，碰巧瞥见监考老师旁边有木棒，于是顺手拿一个木棒当锄头扛在肩上，像模像样跳了起来。面试完了以后，她听见评委们在说："这么多人都没有这个妹妹跳得好嘞！"最终杨萍瑜笔试成绩与面试成绩都还不错，被录取了。从此，杨萍瑜便踏上了幼教之路。

### 2. "口头任命"当园长

在杨萍瑜看来，从代课教师到成为园长，完全是机缘巧合。杨萍瑜最开始是带学前班，但小学部师资也很紧缺，她就被抽调到了小学部。1989—2002 年杨萍瑜都在小学部任教，1997 年转为公办教师，多年来她一直关爱学生、勤勤恳恳、尽职尽责。

2002 年，上级下发文件要求每个乡镇都必须办一所幼儿园。文件下来后，古丈县没有一所学校敢接任务。县教育局决定第一所乡镇幼儿园就在默戎镇办。县教育局学生科负责此事的覃老师辗转到了杨萍瑜所在的学校。当覃老师和校长正苦于没有合适的园长人选时，杨萍瑜正好来校长办公室上交学生的勤工俭学费。校长指着杨萍瑜，向县教育局的覃老师介绍说："你说找不到人，你看眼前不是吗？你用她，她很好。"杨萍瑜瞬间蒙了，不知道是让自己做什么事。弄清楚来龙去脉后，她笑着说："你们让我接可以，但是如果我干不好，你们别骂我，因为我也不是科班出身的。"

就这样，杨萍瑜被口头任命为园长，直到 2013 年才正式下文聘用，中间十多年杨萍瑜都没有拿到园长相应的工资，但她一直兢兢业业，毫无怨言。"我没有什么想法，不管哪个领导安排我工作，我都是满口答应并会认真去做。我是农民的子女，没有什么值得骄傲的。我骄傲的就是我爸妈生了我，我延续了他们的生命。我要好好地活，好好地工作，遇到分配的任务，我就接，不想讨价还价。我对自己现在的生活状态非常满意，虽然我的人生中遇到许多困难和挫折，但对于我来讲再大的困难都不是困难，我都能应对，都能解决。也正是因为我是农民的子女，我懂得百姓的苦，了解百姓的生活，知道他们需要什么。我要为家乡的幼教做点力所能及的事。我的家人对我的工作很支持，都懂得我所从事工作的重要性。"

杨萍瑜之前面试的是学前班，学前班和幼儿园还是不一样的，再加上她在小学工作了很长时间，一时还不知道从何抓起。县教育局学生科的覃老师是从湖南省幼儿师范高等专科学校毕业的，这样科班出身的人当时在古丈县很罕见。他帮杨萍瑜安排了去长沙市等地幼儿园学习的机会，同时对杨萍瑜的工作十分支持："你要哪一个老师来，我都给你，你要谁我都同意。"于是，杨萍瑜又点名要了当地有名的龙启忠老师。龙启忠老师是个能编、能写、能唱、能跳的人，一直协助杨萍瑜工作到现在。

### 故事 2　如果你是我妈妈就好了

民族地区相对落后，学生家庭复杂的情况也较多，在杨萍瑜的教育生涯中，她经常面对各种各样的挑战。她在小学当班主任时曾遇到一对兄弟，母亲去世，父亲在他们上一年级时因为偷窃而坐牢。这两个孩子从一年级到三年级，一直是在杨萍瑜带的班级，她对他们格外关心。

由于家里缺乏管束，兄弟俩常常逃学。有一次他俩在别人家的田地里捣乱，把油菜全踩坏了，村民投诉到了学校。校长得知此事后，找到了兄弟俩进行谈话，其中一个孩子当面骂了校长。校长将此事告知了杨萍瑜，她决定再去找这两个孩子谈谈。她并没有一味地指责孩子们，而是心平气和地跟他们交流，让他们感到老师是关心他们的。杨萍瑜耐心地解释了校长找他们谈话的原因，并通过摆事实、讲道理，让他们明白了自己当天犯的两个错误。事后，杨萍瑜还经常到家里去看望这两兄弟，但好几次家里都没人，甚至哪都找不到他们，他们就这样辍学了。后来，他们托同学给杨萍瑜带来了一张纸条，歪歪扭扭写了一两句话："杨老师，你不要再叫我上学了，如果你是我妈妈就好了。你好像我妈妈。"杨园长回忆起这段往事时，不禁声泪俱下，她意识到一个人的能力是有限的，尽管她渴望能够帮助到每个孩子，但很多时候结果并不尽如人意。

去年杨萍瑜回苗寨给办喜事的人家帮忙，有个年轻人看见她，喊她杨老师。她一时没想起眼前的年轻人是谁，聊了几句后才发现这是那对兄弟中的哥哥。杨萍瑜感到奇怪，为什么他不一开始就介绍自己。他解释说，他们学习都不好，刚开始有些不好意思说自己的名字。交谈中他告诉杨萍瑜，自己已经成家了。杨萍瑜欣慰地说："拥有一个属于自己的小家是一件好事，意味着有了爱和责任。学业不是最重要的，但身心一定要健康、品行要端正。"杨萍瑜相信即便学历不高，只要遵守道德与秩序，心怀善意，经营好自己的小家，力所能及地帮助他人，也能为社会发展贡献一份力量。

## （三）勇于担当争园址

### 1. 择址新建

幼儿园最开始是和小学部共用一块地方，没有独立的园址。大家挤在一起，活动场地不够，而且幼儿和小学生方方面面不一样，在一起上学不方便，有安全隐患。杨萍瑜上任后面临的最大困难便是幼儿园新建园址的问题。默戎镇党委原本规划给幼儿园的地是镇农机站那块位置，与小学仅有一墙之隔，属于集体土地，仅有一名职工，是个不错的选择，但这名职工和县农机站不同意。镇政府答应用新建的文化馆和镇农机站对换，他们也不答应。最后镇政府和县教育局都放弃了，项目取消报告都已经写好。这个情况让杨园长很揪心，她不想放弃，还想再为孩子们争取，于是毅然决定寻求县长的帮助，希望能够得到他的支持，让幼儿园项目落地。杨萍瑜在电话里向县长哭诉着自己的不满和愤怒。她说老百姓对这个项目的期望很高，盼了很久，原本园址和100万的经费都定下来了，现如今却因为个别职工和单位的不配合就要被取消，太让人失望和痛心了，并且这个项目是古丈县首个乡镇幼儿园项目，如果首个项目轻易取消，以后其他的幼儿园建设还如何开展？"县长，别人都说以前吹风吹不过牛角山，但是您上任之后，老百姓都说风已经吹过牛角山了。但如果吹过牛角山，还是落实不到我们默戎镇，怎么办啊？老百姓都眼巴巴地盼着，到手的项目都要被取消，眼泪汪汪的啊！"

县长之前并不清楚具体情况，通过和杨萍瑜的电话交流，他了解了事情的来龙去脉，也认识到问题的严重性。事关民生大计，他承诺将尽快解决。最终，杨萍瑜据理力争地赢得了县长的支持，幼儿园建设项目重新启动，园址问题得到解决。历经坎坷，2012 年春，默戎镇中心幼儿园终于有了属于自己的独立园址。

### 2. 众人拾柴火焰高

幼儿园建好后百废待兴，缺资金、缺资源问题凸显。杨萍瑜有机会代表古丈县参加相关会议，会上，她对默戎镇中心幼儿园的现状毫不遮掩，希望能借此为幼儿园争取到更多的支持和帮助。

当时幼儿园的条件十分艰苦，连最起码的桌椅、床、被子等都没有。幼儿园也提供不了午饭，都是孩子们自己从家里带饭，等到饭点，杨园长逐一给他们热了再吃。孩子们午睡就趴在老式的长桌长凳上，非常不舒服。上级部门调研时也发现了这些问题，但苦于当时经济不发达，财政吃紧，也没有专项经费可拨。于是校领导和杨萍瑜一起四处"化缘"，最终通过"手拉手"活动，湘西州幼儿园给默戎镇中心幼儿园捐助了桌子、床和被子，孩子们终于可以好好上课和午休了。

除了硬件设施不完善，幼儿园的师资也十分匮乏。好在不久后，幼儿园作为实习基地，迎来了一批学前专业的实习生，他们全是外地人，有些来自省内其他较发达的市州，有些甚至来自江苏省等发达省份。实习生们看到园所的环境后，惊讶地说："幼儿园怎么连黑板、办公桌都没有？"他们一时难以适应，原本想把自己在发达地区所学的专业知识应用到这里，但"巧妇难为无米之炊"，默戎镇中心幼儿园的实际情况超乎了他们的想象。杨园长对他们的到来表示热烈欢迎和衷心感谢，也对幼儿园的情况作了介绍和说明。实习生们很快调整了心态，利用有限的资源，比如纸、瓶瓶罐罐，或其他日常生活用品，对幼儿园进行了环境改造，还自制了一些教具。杨园长也从中受到了很多启发。之前园里的老师都只会说苗语，孩子们也不是全会说普通话，实习生们来了之后，开始教孩子们说普通话。通过一段时间的努力，幼儿园逐步实现了普通话全覆盖。虽然上任初期困难重重，但是杨萍瑜勇于面对现实、敢于争取，在她的带领和各方力量的支持下，幼儿园建设得越来越好。

### （四）撰写提案盼编制

杨萍瑜的辛勤努力和卓越表现得到了大家的认可，2016 年，她当选为县政协委员，在自己力所能及的范围内，为园所争取到了更多的设备和资源，改善了园所环境，同时她还为幼师们争取到了编制。

曾经幼儿园教师不仅没有单列编制，连进小学的编制也十分难，就连学前教育的公费定向师范生毕业回来都不能入编，幼师们没法安心教学。杨园长一直在积极寻求解决之道。一次偶然的机会，她结识了另一个乡镇的幼师，两人共同探讨了幼儿园教师编制问题。随后，她们联合撰写了一份提案提交给有关部门。在提案中，她们指出幼师没有编制这一问题由来已久且亟待解决，幼师能否入编对于师资的稳定性、幼师工作的积极性、幼儿的健康成长以及公办幼儿园的发展都至关重要。希望县委、县政府能够深入研究国家相关政策，找到依据，予以解决。当时恰逢省领导在古丈县调研，杨园长毫不犹豫地和教师们一同积极争取，他们的呼吁得到了省领导的关注。经过几轮紧锣密鼓的省级调研和政策研究，最终，上级领导做出了重要决策，将幼儿园与小学编制合并，幼儿园的教师们终于可以纳入小学的编制范围，享受更稳定和公平的待遇。

这一重大突破不仅得益于杨园长等人的努力，也要感谢各级领导对学前教育的重视和关心。杨萍瑜作为一名县政协委员和优秀的幼儿园园长，凭借着她对教育事业的热爱，为园所的发展前途做出了重要贡献。

# 三、治园经验：用真情做真教育

## （一）厚植乡土情怀，传承乡土文化

杨萍瑜自身以及亲人的经历让她坚信"读书能改变命运"，若不是读书，她可能到十几岁仍在放牛，然后早早嫁人，渡过此生，不可能实现自我，更谈不上为当地学前教育做贡献。读书除了改变个人的命运，还能改变家乡的命运。她认为一个人学有所成之后不管是外出打拼还是留守建设，都可以通过"外输"或"内生"的方式为家乡的发展贡献自己的力量。家乡好起来了，整个社会就会更好。因此杨萍瑜十分注意培养孩子们对家乡的热爱，厚植他们的乡土情怀。

热爱家乡首先要认识家乡、了解家乡，因此杨园长经常会带孩子们开展乡土特色活动。古丈县产毛尖，春季杨园长会将孩子们带到茶园采茶，让幼儿在参观、采摘等活动过程中了解"古丈毛尖茶"和中国茶文化，感受劳动人民的勤劳和智慧。秋收时，大家一起到田里打谷子，让孩子们亲近大自然，爱上自己的家乡。平时杨园长还会组织孩子们一起做蒿草粑粑、包粽子，带他们参观苗寨、看民族演出。湘西州幼儿园有时会来送教，有一次的活动主题是美食，每个班都要制作一份食物。送教的老师们发现默戎镇中心幼儿园的孩子们动手能力都很强，这与杨园长平时组织的各类特色活动是分不开的。杨园长希望通过各种活动，让孩子们热爱家乡，以家乡为荣，希望他们长大后能为家乡的建设和发展贡献自己的一份力量。

### 故事 3　弟弟们的遭遇

"我的母亲什么样子我都记不起来了。"当年母亲难产去世，对杨萍瑜来说触动非常大。"我母亲难产去世主要是因为当时医疗常识缺乏、医疗条件落后。我们村以前都是在家里生孩子，一旦难产，没有应对措施，就很危险。"更为可惜的是，由于家境贫寒，母亲拼死生下的小弟弟没过多久就被送养了。如今小弟弟也已经年过半百，但杨萍瑜心中对他十分牵挂，想去寻他，这份亲情的缺失是她一直以来的遗憾。

除了被送出去的小弟弟，杨萍瑜还有一个弟弟。然而，命运对杨萍瑜再次开了一个残酷的玩笑。她的大弟弟是个老实本分的人，在广州的一家工厂修理车床，然而一次事故却改变了一切。有一天车床出故障，飞轮意外飞出，伤及了他的脚。因为不懂医学知识，以为没什么大事，他没有及时就医，也没有将伤势告诉家人，却不知已经感染了破伤风，直到身体情况逐渐恶化，才觉得有些不对。他告诉了老板，得到的却是冷漠的回应。在维权方面，他同样吃了文化不够的亏：他对法律一无所知，不知道工伤应该如何处理。由于没有签订劳动合同，他无法依法维护自己的权益。直到人去世，弟媳蒙了，才给杨萍瑜打了电话。杨萍瑜又悲又气："两个都是文盲，都没读过书才会弄成这样。"

为此，杨萍瑜和丈夫还有当地村干部一起前往广州，希望能够为弟弟伸张正义。然而，他们很快发现，作为外地人，在这个陌生的城市里维权是多么的困难，几度陷入绝望。"现在回想起来，那个场景真的不敢想象！当地人都是帮亲不帮理。"好在命运总是给人以转机，杨萍瑜想起了她在广州的一位同学。她向同学求助，借助媒体的力量，终于让这桩不公之事得到解决。这个经历让杨萍瑜深信，通过知识的武装，可以避免很多悲剧，也能更好地维护自身权益。这件事情更加坚定了杨萍瑜终身学习和办好幼儿园的信念。

## （二）关心教师，凝心聚力

乡村幼儿园的师资紧缺，流动大，存量教师们工作压力大。目前幼儿园只有两位正式教师。白天老师们很繁忙，午休时间都必须守着孩子们；晚上吃完晚饭后，他们会在附近锻炼一会儿身体再回园备课。除却教学工作，教学支撑性工作也很繁重，每个月园所都会进行教学检查，包含老师们每周、每月的计划和总结，家长日记以及女生谈话日记等。但即使在这样的情况下，老师们都能尽心尽力，细心打理园所，用心照顾每一个孩子，让杨园长很感动。乡村幼儿园的师资队伍虽然与城市有差距，但杨园长对自己的团队充满信心，认为他们在各个方面都很优秀。她经常与老师们谈心交流，给予肯定和鼓励，帮助他们解决困难，园内的氛围一直都很团结友爱。

园里有一位周老师，刚大学毕业时，他父亲贷款开了一家洗车行，请了一位亲戚作为员工。可惜亲戚身体不好，有心脏病，在洗车时突然窒息，因抢救无效去世，这个意外无疑给他的家庭带来了巨大的压力。杨园长很快察觉到这位老师的情绪变化，因为他以前上课都很用心，那几天上课时偶尔会发呆。她从侧面打听了基本情况之后，决定找这位老师谈心。"当时他很苦恼，家里开车行的钱都是从银行贷的，去世的亲戚那边上有老人、下有两个小孩，除了基本的赔偿还需要赔偿抚养费，一起要赔八九十万。"杨园长安慰周老师困难是暂时的，事情总会慢慢解决。她还鼓励这位老师要坚强，并帮他理清了应对的思路。谈完之后周老师的情绪好些了，上课也慢慢恢复了之前的状态。

杨萍瑜有 15 年的班主任经历，遇见过各种各样的家长和学生。她深知面对再大的问题和困难，首先要稳住自己的情绪，如果情绪不稳定，事情的处理就很容易出错。因此，在工作中，她经常提醒老师们，最重要的是学会管理自己的情绪，这无论是对自己的身心健康，对处理家校关系，还是对孩子们的成长都至关重要。杨园长曾经多次在群里看到有些家长酒后暴躁发言、闹事，发泄对老师的不满，这时她会在群里回复家长，请他们不要找老师的麻烦，有事来找她，她会亲自解决问题。她多次提醒老师们，家长如果有一些无理要求，或者家校关系中出现比较复杂的问题，不要在群里直接回复或者和家长私聊，可以向她汇报，她愿意承担这样的沟通任务，以确保问题能得到妥善解决。她愿意倾听家长的意见，但同时也要求家长理性表达，不要给老师们过多的压力。杨园长一直是老师们的坚强后盾，园所的家园沟通比较高效，老师们也很有安全感。

### 故事4 "假牙印"闹剧风波

2022年，大班有两个孩子发生了打闹，有一名孩子的家长在班级群里对老师发泄不满，指责老师没有关心他的孩子，并声称他家孩子被另一个孩子咬伤耳朵，甚至留下了牙印。

杨园长得知此事后，立即与班上的老师沟通，并决定亲自处理这个问题。她明确告诉班上的老师，不管家长在群里说什么，发生什么情况，都不要回应，让她来处理。她立刻给家长打电话，并要求他把孩子带过来。杨园长想通过调解给这位家长一个台阶下，以缓解双方矛盾。面对家长的不满和指责，杨园长始终保持冷静，努力解释事情的来龙去脉，同时希望家长也能理解教师的难处。杨园长检查孩子耳朵上的牙印时，觉得有点蹊跷，远远看确实像，近看有点奇怪。她试着用湿纸巾擦了擦他的耳朵，发现所谓的牙印竟然是用水彩笔画的，于是她把孩子带到洗手间，洗掉了"牙印"。她虽然识破了这个恶意的谎言，但没有立刻发难，而是把孩子带到家长面前，问家长牙印到底在哪。家长知道事情败露了，只好承认自己的所作所为，说因为自己家条件不好，又很溺爱孩子，以为孩子是因为家境贫困被欺负了，就想到了试着用这样的方法讹钱。杨园长了解了这家的情况后，表示明白他们的处境，但她力劝家长以身作则，给孩子做出良好的示范，引导孩子健康成长。

事后，杨园长迅速召开会议，提醒老师们更加注意细节，以防类似情况再次发生。老师们纷纷表示，如果不是杨园长发现问题并及时处理，这件事情很有可能会扩大化，杨园长为幼儿园及时阻止了一场闹剧。

## （三）责任在肩，安全在心

幼儿园的安全保障既是基础又是关键。在园所和小学共用教室及活动场地的时候，杨园长每天面临的安全问题不胜枚举。小学部的环境并不完全适合幼儿。幼儿园的孩子们下楼时，常常与小学生发生碰撞，有些孩子还撞到头，流血不止。有时候一个被大孩子们遗弃的垃圾桶，对幼儿来说，可能就是一个巨大的安全隐患，但他们意识不到这其中的危险。

杨园长回忆道，有一次小学部的大孩子们正在玩垃圾桶，垃圾桶的外壳已经脱落，只留下了一个尖锐的框架，一个小孩竟然把头卡进了框架里。杨园长听说后急忙赶来解救。她先用衣物包裹住孩子的脖子，试图将他拉出来，可是拉不动，后来又改用锤子敲击框架，才把孩子救出来。还有一次，在寒冷的冬日，杨园长接到了一通紧急电话，说幼儿园有个小朋友掉进了河里。那条河就在学校旁边的公路上，冬天的河水冰冷刺骨，任何人落入其中，情况都极为危险。这个孩子由于走路不稳，常常摔跤，那天他是爷爷接的，一不小心又摔倒并滑入河中。更为糟糕的是，他爷爷完全不知发生了什么事情，还在继续往前走。万幸的是，河边有一个正在洗衣服的阿姨发现了孩子，她立刻扔下衣物，毫不犹豫地将小孩救了出来。如果不是这位阿姨及时出手相救，后果真的不敢想象。"我那时经常梦到哪个孩子又丢了，哪个孩子又摔了，压力特别大。"

因此，杨园长每周召集老师们开会，强调保育和保教的重要性。幼师的工作看着平稳，实际上潜在的风险很多。比如晨检、午检以及用餐后的散步，千万不能省。她在长沙培训时，曾经亲眼目睹一个孩子因午餐后不散步直接午休而导致了危险的发生。所以，杨园长十分重视这些细节。她指出，孩子们的生理特点决定了饭后需要散步，可以避免食物倒流引发窒息，因此饭后的散步不能因为一些交叉安排或其他原因而省略，饭后直接睡觉更是不允许的；睡觉最好侧身睡，以进一步减少食物堵塞气道的风险。另一方面，杨园长还要求老师们重视急救知识的学习。有一次一个孩子的喉咙被饭粒堵住，通过海姆立克急救法，孩子才得以及时脱险。安全无小事，杨园长经常通过各种实例，让教师们意识到安全问题的重要性，并教给他们一些具体的方法，以确保孩子们的健康和安全。

# 四、现实困境与诉求探寻

## （一）不得不面对的"招生荒"

现在默戎镇的出生率和幼儿的家庭状况都发生了改变，对幼儿园的生源影响很大。默戎镇各村的规模本就不大，以前幼儿园一般都还能有 150 多个孩子，2022 年在园幼儿仅有 85 人，共 4 个班。现在每个村的新生儿都在急剧减少，其每年出生人口通常是 3～10 个，最多也就是 20 来个。杨萍瑜所在的村由于单身人口较多，今年还没有一个新生儿出生，另一个村两年了都没有一个新生儿。

过去杨园长所在幼儿园的孩子有很多是留守儿童，家庭较为贫困。随着旅游业的发展，就业机会增多，有几个村的经济情况逐渐好转。很多在外务工的家长都回乡工作，在村里做生意、当导游，从事服务业或者民族表演工作，收入也都上来了。尽管几年疫情给旅游业带来一些影响，但杨萍瑜对未来旅游业的发展仍然持乐观态度。这原本是个好现象，孩子们可以得到更好的照顾和更多的温暖，但没想到随着家境的变化，越来越多的家长将孩子送去县城或者州府的幼儿园就读，生源又流失了不少。

两个原因叠加，对幼儿园的生源冲击很大，向来有办法的杨萍瑜对此也一筹莫展。

## （二）日趋凋敝的乡土文化

以前幼儿园的资金缺乏、硬件设施跟不上，很多时候都需要自己动手解决问题。杨园长和老师们曾经带着孩子们到山里捡树枝，用来搭建一些简单的设施，或者到河边去捡石子，回园修建"长城"和"公路"，虽然有些累，但孩子们收获了亲近大自然的快乐时光，也学会了一些实用的技能，培养了动手能力。

如今，随着社会的发展，乡村的自然环境也遭到了一定程度的破坏，有些森林已经变成了田地或者建了房子，为孩子们找寻适合玩耍的地方没那么容易了。以前杨园长还可以组织孩子们到山里或者古城游玩，现在安全问题抓得特别紧，不敢轻易组织这类活动了。与此同时，现在学前教材中游戏和活动的设计越来越趋向于"城市化"，在乡村不那么适用。师训方面也同样存在这样的问题，去大城市培训很长见识，但城市模式在乡村幼儿园没有用武之地，杨园长希望培训内容能增设乡村优质幼儿园的实地观摩与学习。

还有一件事情也一直让杨园长担忧：过去，孩子们主要说苗语，但随着学校推广普通话，家长们在家也开始使用普通话和孩子们交流，久而久之，孩子们都不会说苗语了，她担心苗语会失传。她决定培训保教主任进行苗语教学，但推广工作困难重重。

## 五、我的思考：现代性社会规训下乡村幼教转型

在快速变革的现代社会，乡村幼儿教育的转型不仅涉及秩序与自由的平衡，还关乎我们对孩子童年的理解与呵护。释放幼儿天性，让教育返璞归真，是构建更具现代性的乡村幼儿教育的关键一步。同时，提升应急教育质量，佑护幼儿安全，不仅是工作需要，更是道德责任。而要实现这一愿景，必须要聚合多方力量。唯有共同努力，我们才能使乡村幼儿教育的秩序与自由和谐共舞，为孩子们的未来创造更加美好的前景。

### （一）释放幼儿天性，让教育返璞归真

第一，尊重幼儿的天性。"释放幼儿天性"强调认识和尊重幼儿天生的好奇心、探索欲望和学习动机。幼儿是天生的探索者和学习者，他们通过观察、动手尝试和社会交往来主动获取知识。我们应当重视这种天性，在确保安全的前提下，为幼儿创设一个满足他们好奇心，鼓励他们独立思考，培养他们解决问题能力的环境。默戎镇幼儿园将活动区分为益智区、

阅读区、美工区、科学区、建构区，为幼儿们提供丰富多样的学习机会和自由空间，鼓励他们去探索、尝试、失败和再次尝试，让他们在兴趣中主动学习，培养积极的学习态度。

第二，利用本土民俗文化资源。本土民俗文化资源是一个国家或地区的宝贵财富，它们体现了数代人的智慧、经验和生活方式，这些资源为幼儿提供了一个窗口，使他们不仅能获得相关知识，还能形成对本土文化的认同感和自豪感。幼儿园是传承民俗文化的重要场域，幼儿园课程是文化传递的重要途径。幼儿园课程开发理念和文化认同的互动机制具有一致性，基于特定文化情境开展教育性互动是提升幼儿文化认同感的重要策略。幼儿园课程开发要基于民族文化的传承，牢筑中华民族共同体意识，将民族精神贯穿到每一次课程活动中。[①] 为了让孩子更进一步地了解家乡、热爱家乡，杨园长会经常组织与当地文化相关的活动，比如参观默戎苗寨，让孩子们了解当地的特色建筑；教幼儿包粽子、做蒿子粑粑、采茶，让他们了解传统节日及家乡的传统美食，培养他们的动手能力和合作精神。

第三，引导幼儿热爱大自然。自然教育与幼儿园教学有许多契合点，将自然教育融入幼儿教育之中，其实践价值值得关注。幼儿对自然有特别的情结，让幼儿回归大自然，促进幼儿天性的释放。创设自然环境、推出自然游戏、投放自然实验、引导自然探索、创新自然教育等，都能够为幼儿提供自然学习感知机会，教师要做好对应设计和组织，引导幼儿在不断探索过程中成长多种能力，包括观察力、合作力、专注力、创造力和欣赏力。[②] 我们应该鼓励幼儿走出教室，走进大自然，用眼睛去观察，用手去触摸，用心去感受。比如杨园长带着孩子们到山里捡树枝，到河边去捡石子，回园修建"长城""公路"和一些简单的设施，或带孩子们到小河里捉鱼捉虾，都是很好的活动。通过增强幼儿与自然的链接，可以培养幼儿

---

① 周俊男，李洪修. 文化回应教学视域下民族地区幼儿园课程开发 [J]. 民族教育研究，2023（3）：1-7.

② 钱芸. 自然教育释放幼儿天性——幼儿园自然教育教学实践探索 [J]. 学苑教育，2021（6）：87-88.

对自然的接纳、欣赏和热爱之情，激发他们的好奇心和探索欲，愉悦身心，养育健康的孩子。

## （二）提升应急教育质量，佑护幼儿安全

第一，园所安全制度建设至关重要。园所应确立明确的安全制度，以规范幼儿园内的安全管理流程。这包括强化教职工安全教育意识，确保他们充分理解并遵守教职工行为规范。同时，幼儿园应针对学校特点和实际情况，制定完备的应急预案，包括常见突发事件的预警机制、疏散方案和急救措施。这些预案不仅需要制定，还要定期演练和修订，以确保在突发事件发生时，学校和教职工能够有序应对，最大程度上保障幼儿的安全。

第二，教职工是安全教育的关键执行者。幼儿园教职工不仅要传授必要的生活常识给幼儿，还应将安全教育融入课程教学中。通过寓教于乐的方式，如生动的故事、互动游戏、启发性歌曲和模拟演练等，教授幼儿火灾、地震等情况下的自救和求助方法等，帮助他们理解和记忆这些重要信息，增强自我保护意识。完善教职工激励策略，以鼓励他们更加主动地关心幼儿的人身安全。同时，严格追究失职责任，对于因教师安全教育不到位或监督管理空缺而造成的幼儿意外事故，应采取批评教育等处罚措施，情节严重的可考虑开除，以确保幼儿安全教育工作切实贯彻实施。①

第三，幼儿园应该积极引导家长融入幼儿的安全教育工作中，加强他们的安全防范意识。可以编写幼儿安全防范知识手册，定期召开安全教育座谈会，与家长交流幼儿在学校和家庭中可能发生的安全事故，制定预防对策，全方位开展安全教育工作。

## （三）聚合多方力量，助力乡村幼教发展

第一，政府应加大向农倾斜，增强乡村幼师的职业吸引力。首先，政府应从财政分配层面出发，确保乡村幼儿园得到足够的资金支持，并加强资金使用的监管，进一步改善乡村园所条件。其次，加大福利待遇、晋升

---

① 刘冬梅. 幼儿在园意外伤害的应急处理 [J]. 吉林教育，2018 (30)：10–11.

机会等的向农倾斜，吸引更多的年轻有潜力的教育者投身乡村学前教育。例如，加强乡村幼儿园教师周转房建设，为他们的子女提供优先的教育和医疗权益等。再次，政府可联系、引导社会组织助力乡村幼教事业。不少县级财政大多是吃饭财政，资金十分紧张，贫困县更甚。例如默戎镇中心幼儿园目前还没有一个标准化食堂，幼儿图书、网络白板、大型教具的配置以及办公电脑、打印机的更新等都是因为资金的问题一拖再拖。通过引导企业、慈善机构和个人捐赠资金、教育设施、图书等物资，为乡村幼儿园提供重要支持。同时也可以通过组织志愿者服务，加强乡村幼儿园师资力量。志愿者可以是教育专业人士、大学生、退休人员等，协助幼儿园开展日常教学，组织课外艺体类活动，加强乡村幼儿、教师与外界的联系，提供看世界的窗口。

第二，教育行政部门应优化乡村幼师培训，助力教师专业成长。杨园长曾反映，目前的幼师训前调研流于形式，培训地域针对性不强，自己园所的老师从培训中受益不多。首先，应加强培训前的需求调研，强化"问题导向"，了解受训幼儿园教师的需求状况，并对调研结果进行科学分析，以此为依据，制定出科学的、有针对性的培训方案与课程。其次，应提供多样化的培训形式，以适应幼儿园教师的个性需求。民族偏远地区的幼儿园园长和教师出去一趟不容易，欢迎培训团队到园指导，根据默戎镇中心幼儿园的具体情况、幼儿的特点，针对性地、定期地送教到园。同时，乡村幼儿园教师不仅是学员，也是教师，建议给他们展示、交流的机会，增强培训的互动性，提升幼师参培的积极性，提升培训效果。这样，不仅能实现幼儿园教师理念的更新和技能的提高，更能实现他们学习能力和综合素养的提升。①

第三，加强家园合作，引导家长深度参与幼儿教育。《幼儿园教育指导纲要（试行）》指出，家庭是幼儿园重要的合作伙伴，教师应本着尊重、平等合作的原则，争取家长的理解、支持和主动参与，并积极支持、帮助

---

① 易森林，王建军. 中部地区农村幼儿园教师培训中存在的问题及对策——以湖南省 M 市（县）为例［J］. 早期教育，2022（39）：41-43.

家长提高教育能力。乡村家长目前对幼儿的教育还不够重视，他们沉迷于扑克、麻将等娱乐活动，不关心孩子学习情况、过度溺爱孩子、不知如何和孩子正确沟通的情况比比皆是。针对这些情况，应加大宣传教育的力度，通过召开家长会，让家长了解园所的教育理念和目标，加强与家长的交流和沟通，促进家园合作，这样既有利于幼儿的健康成长，又能促进幼儿园的可持续发展。

# 第四章　在教研与管理中蜕变的青年研究型园长

在孩子们的眼里，她是无所不能的"大伙伴"；在同事们眼中，她是开朗勤奋的"好战友"；在家长们眼中，她是真诚贴心的"守护人"。她带着乐观开朗的笑容陪伴着每一位幼儿成长，用积极热心带动着每一位同事进步，用真心赢得每一位家长的支持与信任。成为园长后，陈苏始终不忘初心，带领园所打造出了路口镇中心幼儿园的特色系列征章活动。成为一名研究型教师，一直是她追求的目标，陈苏在园所内部积极纳入幼儿教师学习共同体模式，带领全体教师共同提升教师教学水平。

## 一、案主描述及初印象

陈苏，女，中共党员，1990年生，2010年长沙师范学院英语教育专业毕业，同年进入长沙县六艺天骄幼儿园任教，三年后，考取编制，被分配到长沙县路口镇中心幼儿园工作。

第一次跟陈苏园长接触是通过电话联系。了解了我们的身份与来意后，陈园长欣然接受了访谈邀请，言语间的坦然与热情，即使隔着电话也能感觉到。初次访谈安排在线上进行，我们通过线上会议室见到了对方。陈苏园长不论是倾听还是表达，眉眼之间常常带笑，回忆起有趣的事情来，便会响起爽朗的笑声。不多时，初次交流的拘谨气氛便烟消云散。"我是个很简单的人。"陈苏园长用这句话描述自己。直到后来我们到路口镇中心幼儿园中见到陈苏园长本人，听她讲述了更多自己的职业经历与教育故事后才明白,这里的"简单"并非仅仅字面的意思,而是对陈苏园长在经历困难时,所持有乐观心态的最佳诠释。

半年后,我们来到路口镇进行实地访谈。路口镇是长沙县东北部一个比较偏远的乡镇,一路几经蜿蜒曲折,经过大片田地,才达到目的地。曲径通幽,幼儿园位于振兴路拐角处路的尽头,大门上悬挂着横幅,写着"坚持把小事做好,把学校里的每件小事都做成教育,这就是教育本真"。保卫处的师傅非常尽职,登记信息后,必须园长本人带领,才能够进入幼儿园。我们跟随陈苏园长,沿着主体教学楼外围的小路前往教师办公室,经过儿童活动区域时,正好看到中班的小朋友刚运动完,跟随老师前往休息区。小朋友们看到我们一行人,挥动着小手,与我们打招呼、问好,陈苏园长同样热情地回以她标志性的笑容。

园区内有新旧两栋教学楼,中间是儿童活动区域,树下的阴凉里,老师在用毛巾为刚刚运动完的小朋友擦汗。经过旧楼时,陈园长表示,如果旧楼翻新一下,园所的环境会得到很大的提升。现在旧楼被停用,教学活动都在前面的新教学楼进行。透过旧楼的窗子看进去,我们才发觉他处不曾展现的——路口镇中心幼儿园岁月的痕迹。

陈苏在 15 岁去长沙师范读书的时候,选择的是英语教育专业,当时的她对于未来的职业发展并没有十分明确的目标。毕业时恰好有幼儿园需要青年英语教师,陈苏在机缘巧合下选择了这个陪伴幼儿成长的职业。

## 二、园长是如何炼成的:坚守中蜕变的十年

### (一) 从特色教师到带班教师

2013 年 8 月 18 日,是陈苏到路口镇中心幼儿园报到的日子,她颇有感慨地说:"到 2023 年的 8 月份就要满十年了。"刚毕业的头三年,陈苏在工作中的心态起伏比较大,因为从内心接纳与理解这一职业是一个渐进的过程,她一直处于寻找自我价值和职业定位的状态。始料未及的是,自

己在学前教育这一行业一干就是十多年，以后也会一如既往地坚持下去。

长沙六艺天骄幼儿园有特色教师岗位，即除了主班老师、配班老师、保育老师以外，还有专门负责教授英语、美术、钢琴、书法等学科的特色教师，陈苏当时就是其中的一员。那时，她将大部分时间都投入在了教学上，还没有接触到幼儿园全面的工作。直到特色教师岗位被统一撤销，陈苏才开始正式带班，开始全面负责班里的大小事务，这就意味着无论是教学还是生活，均需要她负责。

## 故事1 卫生间的"黑洞"

工作初期，陈苏负责带小班，小班的孩子们自理能力和语言表达能力相对较弱，不能完全准确地跟老师表达自己的感受。陈苏发现班里有一个小朋友拒绝坐在椅子上，总是蹲在地上扭来扭去，并且一直皱着眉头，一不小心就会尿裤子。老师来询问时，小朋友也不愿意表达，没说两句就哭了。孩子的不安让她无法正常地跟上班级的节奏，也无法真正地融入幼儿园生活当中。面对这样的情况，陈苏耐心地蹲下来，仔细观察小朋友的状态，轻言细语地询问小朋友的感受。通过几次沟通，陈苏发现孩子无法清楚地表达自己的情况，让她担心不已。陈苏联系了家长才知道，家里一般使用的都是抽水马桶，孩子刚上幼儿园，不习惯幼儿园的卫生间，害怕里面下水的"黑洞洞"。明白了孩子害怕的真实原因后，陈苏认为仅通过言语方面的关怀立刻让孩子克服恐惧心理是不现实的，而在幼儿园的集体行动中，这位小朋友难免会因为跟不上大家的进度而焦急。陈苏决定孩子每次上厕所的时候都陪着她，用陪伴帮助她面对新环境的不适。在陈苏的积极关心与引导下，孩子逐渐适应了幼儿园的环境，学会了独立上厕所，孩子家长也终于安心了。

陈苏在实践中渐渐明白，面对孩子需要更多的耐心与爱心，用温柔的语言与他们平等地对话，细心处理孩子的各种情绪，让孩子们感受到幼儿园是一个快乐的大家庭。通过老师们的共同努力，陈苏班上的孩子们都适应了幼儿园的生活，常常向陈苏表达自己喜欢幼儿园。

经过一段时间的工作历练，陈苏不再像刚毕业时对未来充满迷茫，她在日常的教育工作中积累经验，渐渐地有了成就感与满足感，未来的方向也越来越明晰。每一堂课的高质量开展都建立在课前充分打磨的基础上，包括准备教案、协调教具等，余下的时间与精力，陈苏都投入在孩子们身上。她明白陪伴孩子的成长需要用心，要用温柔的语言与孩子们对话，用最大的耐心面对幼儿的各种情绪，寓教于乐，营造最合适孩子成长的环境。

### （二）勇挑大任破解招生问题

在乡村幼儿园工作10余年，其中7年在一线从事教育教学工作，从普通教师走上园长岗位后，陈苏发现许多工作内容都发生了很大的变化。从前的工作虽然繁忙琐碎，但心是安定的。坐在园长办公室里，面对的是全园师生，大大小小的事务都要操心。陈苏园长回忆道："可以这么说，昨天还只是一个班的老师，第二天就变成了园长。"随着岗位的迅速转变，心理状态也有了起伏，从前大多数时间都在埋头做事，走上园长岗位之后，她才发现了工作有许多需要关注的细节，这些细节都关系到幼儿园的生存和发展。

路口镇属于长沙县的北部乡镇，镇上的年轻人大多数都选择出门务工，孩子们普遍跟随父母进城，留守在乡村的儿童越来越少。2020年9月秋季开学，摆在陈园长面前的最大难题就是招生。适龄的孩子大多离开了路口镇，剩下的基本上是爷爷奶奶帮忙照看的留守儿童，怎么能让这一部分孩子来中心幼儿园上学，如何说服教育理念相对陈旧的隔代长辈选择公办幼儿园，是陈苏和她的同事们亟待解决的难题。镇上的私立幼儿园虽然设施简陋，但整体上更迎合家长的需求，而老一辈家长的需求不一定符合孩子成长的需要。陈苏意识到理念断层是招生的鸿沟，要解决招生问题，必须努力跨过去。

做园长的第一年夏季毕业了44名小朋友，陈苏看着孩子们即将走入小学，欣慰的背后也有压力——毕业了44名学生就意味着秋季之前至少要再招44名学生入学，才能维持幼儿园规模基本不变。开学前的20多天，陈苏带着园所的老师们挨家挨户介绍幼儿园的情况。

家长顾虑的主要是校车路线、收费标准以及幼小衔接问题。公办园有长期合作的校车公司，接受定期的检查，保证幼儿乘坐的安全，各方面的要求非常严格。公立幼儿园的校车每天行驶路线经过规划与审核后相对固定，有些孩子的居住区域就不在校车途经的范围。而私立幼儿园的校车属于个人，可以根据情况随时更改路线，部分区域的学龄儿童家长就会更倾向于私立幼儿园。另外就是幼儿园的收费问题，中心幼儿园的学费依据长沙县财政局的标准收费，其他类型的幼儿园收费自由度更高，而幼儿园的收费情况直接影响着家长的择校意向。中心幼儿园的教师是通过考编进入教育系统的，并不都是本地老师，而私立幼儿园的教师普遍是土生土长的本地人，有着扎实的群众基础。中心幼儿园在这样的情况下想要传递幼儿教育理念是很难的。多数老一辈家长还停留在只有孩子们学到了具体的知识，能够得到具体的考察反馈才能说明幼儿园是认真负责的。部分家长会焦虑地问陈苏："幼儿园怎么能够不教孩子学拼音呢，到小学之后其他私立幼儿园毕业的小朋友都会拼音识字，我们孩子不就输在起跑线上了?"小学开学之后学拼音的一个月就成为了家长幻想中至关重要的过渡期，而自家孩子会因为没有在幼儿园提前学习拼音导致落后，进而影响长期的学习。

陈苏同样是学龄儿童的家长，能够充分理解家长的焦虑，也看到了事情积极的一面，即家长们越来越重视孩子的教育。而问题在于家长们没有意识到，对于幼儿园阶段的孩子来说，提早小学化教学，效果可能适得其反。小学的知识对于幼儿来说太过抽象，能够掌握的部分也属于死记硬背，真正能够理解与消化掉的知识是很少的。路口镇中心幼儿园将重点放在用寓教于乐的方式关注孩子的语言表达、动手能力、自理能力等综合能力的提升，让他们进入小学以后，能够更快地适应新的学习环境，更好地掌握新知识，即使学科学习方面有落后也是暂时的。

如何让家长们转换思想，认识到幼小科学衔接的重要性是陈苏和老师们面对的最大挑战。孩子们在教学活动中的成长是全方位的，同时也就意味着这样的成长是难以量化的。一面是教育理念迅速更新的需要，一面是当地家长滞后的教育理念，想要做出改变就需要老师们站在家长的角度去普及新的教育理念。国家在近两年出台了"双减"和"五项管理"等相关政策，从多个方面做出具体的要求，推动教育全方位减量提质。政策一出台，陈苏带领园所的老师们紧急召开了三场家长座谈会，与家长共同解读最新政策。陈苏围绕小学教育的真实样态、幼儿园阶段的孩子真正需要的教育是什么以及如何做好幼小衔接等话题与家长们充分沟通。为了打消家长的焦虑，陈苏带着园所的老师们每隔一个月就去附近的小学调研学习，了解路口镇中心幼儿园的毕业生们在学校的学习情况，并及时反馈到教学当中，也反馈给正在幼儿园就读的孩子们的家长。

公办幼儿园在教育理念方面是始终走在前列的，国家出台减负政策之后，公办幼儿园最先响应，增加活动课程，寓教于乐。2013年到2014年，陈苏刚到路口镇时，幼儿园小学化的情况很严重，在她和老师们的共同努力下，园所的教学形式越来越多样化，教育质量稳步提高，逐渐得到了周边的居民们的认可。

### （三）母职身份加强职业认同

当我们问起陈园长是什么时候开始发自内心地认可自己的职业时，她思考了片刻，回答道："当了妈妈之后。"拥有母职身份之后的陈园长更加体会到教育事业的对于幼儿的影响，她从自身的育儿经历中总结出经验，更加用心地去观察幼儿，捕捉幼儿清澈的眼神，并从心底认可自己的职业。

### 故事2　母职与教职双重身份下的改变

陈苏的儿子也是从路口镇中心幼儿园毕业的，由于其他家人在外地，陈苏的儿子基本是她一个人带，母子俩的生活一直围绕着幼儿园。白天工作晚上照顾孩子的生活是非常劳累的，而母职身份也给陈苏带来了更大的责任心与动力，那些年轻时独自留宿幼儿园的孤独不安的心情随着儿子的到来一去不复返。

　　孩子的成长也教会了陈苏许多。儿子到了该上幼儿园的年纪，进入了小班学习，开始脱离妈妈的关爱与保护，独自面对这个世界。刚开始，儿子有一些不适应，总是想找妈妈。看到妈妈在照顾其他小朋友而无暇照顾自己时，儿子表现出了负面情绪。陈苏要保证工作时的专注与投入，对待自己的孩子跟幼儿园的其他小朋友是一样的。学会融入集体生活，是幼儿园小朋友必须迈过的第一道坎，需要面对离开家长、独自上学的挑战。为了杜绝儿子不停地想要在幼儿园找妈妈，陈苏想了很多办法，她会交代其他老师跟儿子说："妈妈出去开会了，不在幼儿园。"在儿子入学后的半个学期里，连门卫师傅都会告诉陈苏的儿子，他妈妈又去开会了。陈苏默默地关注着儿子的成长与变化，随着时间的推移，儿子的独立性越来越强，对路口镇中心幼儿园的感情也越来越深。沿着儿子成长的轨迹，陈苏不断地反观自己，她在孩子的变化中总结幼儿成长规律，改变了她对教育工作的理解。

　　有一次，陈苏开玩笑地跟儿子说："妈妈的工作离家太远，工作又比较忙，要不换一个地方上班吧。"孩子听到之后，很认真地看着妈妈说："如果你离开了，我们幼儿园怎么办，这是我的学校啊！"

　　孩子的到来，让陈苏从最初的悬浮不定走向踏实安稳，母亲的身份让她拥有了更强的自我驱动力，热爱幼教事业的种子在陈苏心里扎根、发芽、成长……

# 三、治园经验：优化内部管理

　　一位好园长势必也是一位优秀的管理者。陈苏始终不忘自己园长的角色与使命，一直注重提升幼儿园内部教师队伍的凝聚力，通过多种形式让自己和其他老师们扎根路口镇中心幼儿园，在全心全意的教育教学中体会幼教工作的幸福与满足。

### （一）研讨中引领团队成长

在陈苏园长的带领下，路口镇幼儿园的教师们每隔一段时间，会开展一次研讨活动。在研讨活动中，老师们首先共读政策文件，了解当下最新的教育政策，并结合幼儿园的具体情况，明确研讨主题。接着，由每位老师分享自己的研学心得，并进行交流探讨。之后幼儿园会展开阶段性的公开课观摩活动，教师围绕研讨内容进行教学活动设计，根据幼儿的特点，充分遵循"以幼儿为中心"这一思想理念，运用现代化教学手段，将研讨会中的收获灵活运用到课堂当中。评课研讨环节，每位老师会对自己执教的内容进行说课反思。大家围绕教学设计、活动组织、教学效果等方面进行研讨，在学习别人的同时也审视自己在教育理念与教学行为上的不足，讨论改善方法，在碰撞中探索出更多的教学方式，研究更贴合儿童所需的教学策略。在陈苏的带领下，老师们畅所欲言，充分表达自己的思考和建议。研讨活动为老师们搭建起了一个实践与交流的平台，通过组织教学活动、教学研讨、教学反思的互动式教研活动，帮助老师之间取长补短，促进教师教学理念的更新与教学能力的锤炼，也给老师们提供了一个能够将日常教学活动中所遇到的问题拿出来共同解决的宝贵契机，有助于园长及时关注到团队中老师们最新的工作动向与教学状态。

通过园内的研讨活动，教师们的研究能力与综合素质得到了显著提升，年轻主班老师的工作得到了家长们的普遍认可，兼任保育工作的老师们得到了相关负责人的多次肯定。青年教师撰写的论文在湖南省学前教育优秀教科研论文评选中获奖，保育教师围绕劳动教育所撰写的相关论文在长沙市年度教育后勤优秀论文评选中获奖，教师团队在长沙县游戏活动优秀案例比赛中获奖。每一次获奖都是一个节点，见证了老师们在陈苏的带领下，将研学提升视作工作的常态，学而不厌，诲人不倦，在不断的实践中自我提升。

### （二）关注多类教职工需求

幼儿园的班级一般会配备一位主班老师和一位配班老师。配班老师需要协助主班老师上课、准备教学用具、管理幼儿日常生活等。配班老师往往是更有经验的老教师，优秀的配班老师能够更好地把握教育细节，提升整个班级的教保水平。

### 故事3　转岗不转爱

配班老师的主要工作是为孩子们的生活做好保障，协助主班老师上课，引导幼儿在日常生活中养成良好的生活习惯。在几年前，路口镇中心幼儿园有一批经验丰富的老教师转岗成为了配班老师，转岗之后的工作重心发生了变化。陈苏园长非常关注这批教师们的适应情况，帮助教师们转岗不转爱。

吴老师是其中一位转岗老师，因为担心吴老师的岗位适应情况，陈苏主动找到吴老师，了解她的思想动态与困惑。新的工作任务意味着很多事情都要从头学起，吴老师任教时间长，精力和体力上都不如新进的老师，难免会产生职业倦怠。让陈苏惊喜的是，吴老师一如既往地坚守着对幼儿教育事业的那份热诚，保持着严谨认真的工作态度，从观察揣摩其他配班老师的工作开始，逐渐熟练上手。

"餐桌消毒的步骤：第一步配84消毒水，比例是1∶100；第二步是用消毒水浸泡过的毛巾，由外往里，由左往右，擦拭一遍；第三步是待消毒作用5分钟后，用清水洗净的毛巾，再擦拭一遍。"在全国保育技能大赛上，吴老师一边演示一边讲解，动作行云流水般一气呵成，可见日常工作中吴老师的专注与用心。每天开窗通风、卫生整理、毛巾漱口杯消毒，离园后的园所保洁等工作，看似枯燥平常，却是孩子们在幼儿园能够保持健康成长的关键所在。日复一日，年复一年，吴老师从不懈怠。

生活老师需要面对的是孩子的每一面，在课堂上积极举手发言的孩子，也可能在午睡时不小心尿湿了裤子；平日里低声细语的孩子，也可能不小心打翻餐盘。吴老师用自己的耐心包容着孩子们。吴老师提到，幼儿园一日活动的每一个环节都蕴含着教育契机，可以潜移默化地引导孩子规则意识的养成。刚转岗时，吴老师发现比较小的孩子自我管理意识和能力比较差，在衣食住行等方面都需要生活老师的关心和帮助，她运用之前积累的教育经验,通过观察孩子们的行为特点,用自己的方法慢慢帮孩子纠正错误、培养习惯。为了让孩子们不抵触新习惯的培养,吴老师寓教于乐,将穿衣服、归纳个人物品等步骤编成朗朗上口的儿歌,帮助孩子克服畏难情绪,让他们能较快适应幼儿园的生活,自理能力和课堂专注度都明显提高,课堂质量也整体提升了。

青年教师是乡村学前教育的主干力量。而刚入职的青年教师需要磨合和适应,园长及时的帮助与纾解能够将他们的教学工作引向正轨,促进青年教师职业认同感的提升。

### 故事4　守护青年教师成长

园所的青年教师们大多是师范毕业,掌握着先进的教育理念和方法,对新事物充满了热情,但青年教师本地人比较少,面对陌生的岗位、陌生的环境、陌生的面孔,他们多少都有些担心与害怕。镇上的家长们还有许多是隔代的长辈,大多说方言,与家长沟通就成了一大难题。

有一次陈苏遇到一位家长反映情况,态度很激烈。陈苏仔细听了家长的想法,并找来了当事老师询问事情经过,这才了解了其中的缘由:小朋友们需要一定的室外活动,以保证每日的运动量,不论冬夏。但孩子在运动的过程中难免会出汗,为了避免孩子们出汗后立马进入空调房受凉,老师们都会及时给孩子们的背上隔上一个汗巾,有时候汗巾已经完全湿透了,老师就帮孩子取下来了。孩子回家之后家长没有看到汗巾,就问孩子,孩子又讲不清楚,家长就认为老师没有尽职尽责,孩子在幼儿园被老师忽视了。而新来的老师不是本地人,家长又只会方言,双方没有及时沟通清楚,让家长产生了误解。

通过这件事,陈苏意识到沟通很关键,不仅在于老师与家长之间的,家长与孩子之间的沟通也十分重要。所以在家长会上,陈苏特意围绕"如何与孩子科学沟通"与家长们展开交流。园长巧妙地以"喝水"这件小事为例,娓娓道来:孩子们放学回家后,家长都会关心孩子在幼儿园有没有喝水。孩子从幼儿园一路回家,一段时间没喝水或是恰好口渴,就会根据自己当下的情况来回答家长，这样就会造成家长的误解。陈苏建议家长们与孩子沟通时可以选用启发式的、积极的提问方式，比如问孩子当日在幼儿园开不开心，孩子自然会回答，那么接着就可以顺着孩子的回答继续问，是因为什么事情开心或者烦恼，这样的启发式提问也会引导孩子更充分地表达自己的感受，锻炼语言能力的同时，家长也能够了解到孩子在幼儿园真实的情况。落实到"喝水"这件事情上，可以问孩子："今天在幼儿园参与了哪些活动？喝了几次水？"而不是仅仅问："在幼儿园喝水了没有？"通过这种方式，陈苏帮助青年教师们化解了与家长沟通方面的矛盾，也让家长与孩子、与幼儿园建立起良性的互动，帮助双方有效沟通，推动家园共建，全方位科学培育幼儿成长。

陈苏非常了解自己园里的各位老师，能生动地讲述每一位教师的特点与长项。在她心里，教师们都是自己的好伙伴而不仅仅是同事。路口镇中心幼儿园推出了一系列特色活动，借助这些活动落实幼小衔接与家园共育，培养幼儿全面发展。每一个主题月由陈苏牵头，一位骨干教师负责策划。在一次次的活动中，教师们越来越默契。青年教师总是有更多的创意，对于新鲜事物掌握得很快，并能够高效地运用到教育教学活动中。比如，幼儿园一般借助微信公众号平台或是美篇平台发布活动安排，并在家长群里及时转发推文来告知家长活动流程。每一篇推文都带着中心幼儿园的特色风格，把活动内容写得清楚明了，帮助平日工作繁忙的家长们打消参加活动的畏难情绪，真正理解幼儿园举办活动的初衷，有效陪伴孩子成长。而老一辈教师更了解孩子，更注重细节，能够在青年教师的方案中及时地发掘出实践过程中可能出现的问题，对活动方案做出预判并且根据自己长期的教学经验提出调整意见。他们的合作保证了活动的顺利、高效进行。

为了支持教师们的共同成长，幼儿园鼓励教师们广泛阅读教育类书籍，如《正面管教》《蒙台梭利家庭教育》《儿童自然法则》《最温柔的教养》等。路口镇中心幼儿园的公众号里有特别的一栏，名为"师德故事"，主角正是园所里的教师们。每一期都会单独介绍一位教师的师德师风故事，仔细读来，每一位幼儿教师都怀抱着美好的幼教情怀，长期扎根于一线教学工作当中。这个栏目通过一个又一个师生之间的小故事，展现了属于路口镇中心幼儿园的追梦路。

### （三）细微之处见真章

除了主配班老师之外，陈苏也很重视工勤人员的情况，这成为了她的一项独家管理秘诀。外向开朗的她在工作的过程中发现，每一天和幼儿园的工勤人员们"聊天"是很重要的。值班的时候，陈苏园长会跟校车师傅、保安师傅、保洁师傅聊一聊当天的工作情况，或是聊一聊孩子们当天在校车上的表现，或是跟保洁师傅问一问园所的设施情况，在日常的聊天中，从其他工作人员的视角下，考察幼儿园的日常运作情况。到如今，陈苏已经在路口镇工作了十余年，幼儿园周围的乡里乡亲们每次看到陈苏都会热情地打个招呼，有时只是出门扔个垃圾的时间，就可能碰到了一位学生家长，他们会询问孩子在幼儿园的情况，如果碰到一位老乡，也会咨询一下幼儿园的情况。乡邻们对于长期扎根在路口镇的陈苏来说，越来越像家人。偶尔幼儿园的活动需要某一样物品，陈苏就知道可以去向哪位老乡家借。这种亲切感让她在日复一日的工作中越来越从容，她的团队里不止有教师伙伴，还有与幼儿园有关的所有工作人员和乡里乡亲们，有了他们的配合与支持，幼儿园才会发展得越来越好。

十年的时间里，陈苏的身份虽然转变了，但教育的初心没有改变。2020年7月成为园长后，她依旧率先垂范，事无巨细，处处留心，园所清洁、厨房内务、安全巡视、教学管理等，幼儿园的每个角落都留下了她忙碌的身影。孩子们午休时，陈苏会拿起工具，检查校园里的设施情况。最忙还要数招生的时候，陈苏穿梭在校园中，不断解答着各种各样的问题。她知道教育之路任重道远，不会总是一马平川，身为党员教师的她，深知自己肩负的责任。作为园长在优化内部管理时需要与时俱进地创新与思考，坚持科学的育儿思想，以满足时代要求。在不断自我发展与完善的过程中，陈苏带动教学团队共同提升，帮助教师们共同掌握前沿的教育发展理论，使幼儿园的管理更具科学与艺术性。陈苏在教育一线工作了十年，从初出校门的新手教师成长为一园之长，深知一线教师的不易；同时陈苏也是一位母亲，双重身份之下让陈苏在管理中更能够站在多方的立场上考虑问题，做出更好的决策。也正是因为有了全体教职工的支持与配合，路口镇中心幼儿园才能发展得越来越好。

### （四）打造园所特色活动

"实践征章"是路口镇中心幼儿园的大型特色活动，以一个月为活动周期，每个学期都有三到四个不同的主题月。在不同的主题下，孩子与家长共同协作，每天利用放学后的 10 到 15 分钟，完成一项主题小任务，家长每天记录孩子完成任务的情况并在家园共育平台打卡。在每月的表彰大会上，幼儿园会为坚持完成打卡的小朋友们颁发奖章与奖品，表彰大会也会邀请家长来观摩。幼儿园里通向教室的走廊上有一排展板，展示着每一位小朋友的完成任务的情况，每一天的坚持都会收获一个标记。陈苏说这是为了让孩子们能够感受到一点一滴坚持的重要性。实践征章活动不仅培养了孩子们的良好习惯和品质，也增加了家长们亲子互动的时间。每天的小互动对于家长来说并不困难，但日积月累也并非易事，与孩子共同努力获得勋章的过程会成为亲子之间的美好回忆。老师们在每次表彰会之前都会用心挑选小奖品，奖品不在贵重，而在于他们希望选出实用又对孩子有纪念意义的物品。陈苏发现在第一次给孩子们颁发奖章时，他们的反应并没有想象中的热烈。陈苏组织老师们共同反思，发现了问题所在：他们在准备活动的时候，希望能够有仪式感一些、隆重一些，却没有完全站在孩子们的角度考虑。原来孩子与大人不同，对于有纪念意义但缺乏实用性的物件兴趣不大。陈苏带领老师们重新策划与组织，在后来一次的以"节约"为主题的征章活动中，充分结合活动主题，选取小木碗作为礼物，只有坚持光盘，节约用电、用水的小朋友才可以拥有一个特别的小碗。家长们纷纷向陈苏反映，自从有了这个靠自己的坚持挣得的碗，孩子们爱不释手，在家吃饭只用这只代表荣誉的小碗。这个小小的奖励凝结着老师们的细心与用心，也激励着孩子与家长们为目标共同努力。

**实践征章系列活动主题示例**

| 主题 | 主要内容 | 打卡要求 | 奖励机制 |
|---|---|---|---|
| 健体章：运动相伴，健康成长 | 完成"平衡""投掷""跳跃"为主题的运动内容 | 每日运动20～30分钟，以班级群或朋友圈打卡的方式记录运动的精彩瞬间，让运动成为一种常态 | "健体小达人"荣誉称号 |
| 节约章：勤俭节约，从我做起 | 四个阶段：光盘行动、节约用电、节约用水、自己动手造纸 | 以一周为一个阶段，且每个阶段有不一样的任务，采用阶段任务式打卡 | "节约之星"荣誉称号 |
| 传承章：传承礼仪，礼润童心 | 礼仪教学活动、争做礼仪小标兵、礼仪之星评比、文明餐桌评比 | 家长在家记录，结合班级老师对幼儿的文明礼仪行为进行记录，评比每周的"礼仪之星" | "传承文明礼仪者"荣誉称号 |
| 劳动章：乐生活、悦劳动、跃成长 | 服务他人、亲近自然、创意美劳、为劳动者设计勋章、职业体验、最美劳动者主题活动 | 家长在家记录，结合班级老师对幼儿的不同主题劳动进行记录、点评，评比每周的"劳动之星" | "劳动之星"荣誉称号 |
| 立德章：遵章守纪，修身立德 | 阅读立德故事、争当礼仪小标兵、制定社会主义核心价值观主题打卡、制作主题手抄报、立德读书分享会、走访道德模范 | 以任务形式展开，根据不同任务以及目标的完成情况进行阶段性打卡 | "立德小达人"荣誉称号 |
| 垃圾分类章：环境保护我先行，垃圾分类我能行 | 家庭垃圾分类；利用回收物品做手工作品，制作各种服饰装扮；参与废品回收等主题活动 | 以10天为一个阶段，采用阶段任务式打卡 | "节约分类小能手"荣誉称号 |
| 孝亲章：百善孝为先，孝为百行首 | 如：捶背、洗菜、陪老人散步、看望老人、为长辈讲故事等；也可将活动延伸至社区、车站、超市 | 打卡完成的天数和质量；指导孩子独立完成；要求孩子认真完成，及时与孩子交流心得体会 | "敬亲小可爱"荣誉称号 |

不少家长反映，征章活动结束之后孩子们也保持着好的习惯，平时注意光盘与节约，周末在家也越来越爱看书，主动向家长提出去图书馆看书的要求，专注力也越来越好。孩子们从跟着家长去附近的图书馆，到走进长沙县图书馆，再到省级图书馆，荣誉奖章越集越多，孩子们的视野也随之广阔起来。

陈苏带我们参观幼儿园时，碰到了刚下体育课的班级在排队回教室，小朋友们热情地和园长老师打招呼，稚嫩的脸庞上还挂着汗珠，像向日葵一般在阳光下绽放。陈苏向我们介绍，这个班是一位活泼的男老师负责管理的，小朋友都比较活泼、外向，行走起来像风一样，风格突出。同样，这个班的家长群也是从早热闹到晚，家长跟老师的互动非常频繁。路过教室时，看到一个班的小朋友都在静静地看绘本或是玩积木，陈苏告诉我们，这个班的老师很温柔，很少大声跟小朋友们讲话，所以这个班整体都非常沉稳，哪怕是偶尔调皮的孩子，也会在老师的引导下很快安静下来。教师们开展教研活动的时候，总是感叹什么性格的老师，就会带出什么风格的学生，连带家长也会受到影响。

## 故事5　最难忘的34位家长

刚进入路口镇工作的那几年，陈苏工作很累，白天在园忙碌，晚上要照顾自己年幼的孩子，休息时间很少。幸运的是，乐观开朗的陈苏，遇到了她最难忘的34位家长。那时候微信刚开始流行，幼儿园将家长们组织起来，通过微信家长群推进家园共育，在家长群里及时反映孩子在园情况，幼儿园也开始尝试推进一些园所活动，提高家长的参与度。

新一批入园的孩子们很快迎来了第一次的期末汇报。陈苏在家长群里发布了汇报活动的计划，需要寻找一位助教家长和老师们一起为孩子们这一学期的学习生活画上一个圆满的句号。出乎意料的是，消息发出不久，她就收到了有意向参与的家长名单。看着名单上一长串的名字，陈苏不可置信地数了数，34位家长中居然有32位家长报名。面对积极踊跃的家长们，陈苏抱歉地告知他们园所暂时只有一场活动，只需要一位家长当助教。没过多久，一位彭同学的爸爸找到陈苏说，他是家长们选出的活动负责人。原来家长们都体谅老师们平时的辛苦，报名的家长自发组建了竞选群，自己组织起了竞选。彭爸爸兴奋地跟陈苏说起整个经过，描述自己是如何在32位家长的"激烈"竞争中脱颖而出的。之后的一个月里，彭爸爸把自己的眼镜店交给了家人打理，全身心地投入到活动的准备中，陈苏一个电话，彭爸爸就从店里跑到幼儿园来，与老师们一起准备活动材料，对接流程。在老师们和彭爸爸以及所有家长的共同努力下，孩子们收获了一场难忘的活动。

每次幼儿园有活动，参与组织的家长都会第一时间跟陈苏说："陈老师，你放心，这件事交给我，没问题。"家长的支持是对教师工作莫大的肯定。那时候园所的教师人数是有限的，为了能够给孩子们的教学活动提供更充足的教具，家长们自发组成5个小组，利用休息时间制作教具，满足孩子们的需要。三年里，陈苏所带的班是教具最多、活动最丰富的。正是这样一群平凡的爸爸妈妈们陪伴着乐观开朗的陈苏老师一起度过了那一段艰难的时光，给孩子们提供了最好的资源和帮助。陈苏感到很幸运，称他们为"神仙家长"。

# 四、现实困境与诉求探寻

在路口镇工作十余年，陈苏早已把路口镇当成了自己的第二个家，她投入到路口镇中心幼儿园的精力和付出的心血让她与这里产生了无法割舍的情感。在教育事业上不论是硕果累累还是困难重重，陈苏始终抱着积极乐观的心态，牢记肩上的责任。

## (一) 乡村幼师培训有局限

路口镇中心幼儿园的教研工作由陈苏园长负责，她与其他四位老师共同组成了一支教研队伍。他们在每日查班过程中仔细观察日常教学中存在的问题，对薄弱环节进行集中讨论并及时整改。比如陈苏观察到园所老师们在组织区域活动、游戏活动上下了很大的功夫，课堂效果很不错，但部分教师的课堂呈现出了基础教学内容欠缺的情况。陈苏指出不能够厚此薄彼，基础教学一定要扎实，建议几位老师根据幼儿园教育指导纲要，围绕幼儿园五大领域，在每一阶段选择一个领域进行研讨提升。长期坚持下来，园所教师综合教学水平提升了不少。幼儿园非常重视教研活动，教师们也乐意参与，但只是在原来的教学基础上找问题、提升完善，视野狭窄，学习与收获总归是有限的。

教师培训需要以问题为导向、以应用为导向，明确乡村幼儿园教师的切实需求。每一所幼儿园都有着独特的实践环境和园所文化，要根据教师的工作环境、当地幼儿特点来设定培训目标与培训内容。[①] 路口镇中心幼儿园的教师们每年都有机会接受培训，但乡村幼儿教师能够参与的培训往往缺乏针对性，较为笼统。培训内容或是个体经验，或是针对一些普遍性的问题进行分析研究，对于老师们来说无法在学习过后较好地吸收到教育教学工作中，对于实际问题的帮助有限。

## （二）用心经营也难抵生源流失

乡村幼儿园的生源情况受到生育率、经济形势、居民教育认知水平等诸多因素的影响。近年来，许多乡村幼儿园都面临着招生难的窘境。路口镇中心幼儿园经历了多次艰难的招生季，陈苏和同事们一起想了许多办法，他们或是走进每家每户介绍园所情况，或是举办家长开放活动，邀请家长们亲自走入幼儿园。园所内部不断改善升级，以期用路口镇中心幼儿园的教育品质来打动适龄儿童的家长们。老师们除了教学任务，还要完成招生任务，花费了不少精力。然而这些办法并不能从根本上解决问题，招生困难的问题仍然存在。

---

① 赵宇.农村幼儿园教师培训质量提升策略 [J].学前教育研究，2019 (5)：93-96.

如今，镇上的居民大多认可了中心幼儿园的教育质量，但居民们在为幼儿择园时仍旧会把经济问题放在第一位去考虑，加之留守儿童问题越来越受到重视，更多的年轻父母在进城务工时选择将孩子带在身边，镇上的适龄儿童正在逐年减少。陈苏谈起生源问题时表示无奈，作为园所的老师和管理人员，增加生源固然重要，但工作重心还是要放在教育教学上。但生源减少直接导致园所可支配的资金减少，目前只能够保证教师们的基本待遇不变，想要为孩子们提供更好的教育资源、升级原有的设备等就常常捉襟见肘。

# 五、我的思考：教研引领乡村幼师成长

教师专业发展是我国教育改革的重要方向，教师的专业发展与教育质量的提高休戚相关，开展教研活动是促进教师专业发展的重要途径。乡村公办幼儿园在乡村幼儿园中始终起到引领作用，其教研活动的开展与创新对于其他乡村幼儿园有重要的影响力。[①]

## （一）借助名园长工作室助推教研

当前乡村幼儿教师专业发展主要存在这几类问题：一是专业理念落后。教育理念是教师能否实现专业发展的先导条件，由于乡村教育资源落后，教师接触先进教育理论知识的机会较少，教育教学主要依托"经验"进行。一些教师对于先进、科学的理念不能很好地理解贯彻，"小学化"现象层出不穷。二是专业意识不强。部分乡村教师对于教师专业能力结构理解不到位，专业意识薄弱。三是专业能力偏低。乡村幼儿教师缺乏研究意识，教学研究活动参与机会有限，专业能力提升慢。单单依靠乡村幼儿园的力量是有限的，应该主动与幼教专家牵线，通过与名园长工作室合作

---

① 李梦园. 乡镇公办幼儿园教研活动开展的问题诊断及优化路径研究 [D]. 广西师范大学，2023.

等方式，借助外部力量，助力乡村幼师专业的发展。①

在长沙市特级教师农村学前教育工作站——罗晓红名园长工作室援助路口镇中心幼儿园的期间，罗园长所在幼儿园的多项主题活动的延伸进入了路口镇中心幼儿园。陈苏园长表示，在罗园长团队的指导与帮助下，园所组织了前所未有的领域课程呈现活动，把课堂里的教学内容展现在更多人面前，这对于教师们和学生们来说都是一种全新的体验与提高。系列特色活动持续了两个多月的时间，在活动中，罗园长工作室针对性地重点帮扶路口镇中心幼儿园教师应用能力、活动组织能力的培养，同时工作站对幼儿园的一些基础设施进行协调与改善。帮扶工作效果显著，幼儿园教师们在后续的教学竞赛、论文评选等活动中均有突出的表现。②

同时，名园长工作室支持与帮扶下的教研活动为不同地域、不同园所的教师们提供了一个充分交流的契机，提供了一个解决实际困难的通道，也提供了一个全面提升教学能力的平台，通过将持续的教研活动与层层推进的互动式研讨相结合，不断磨练着幼儿教师们的技能，提升了教学水平。

### （二）精准教研活动提升教师能力

环境改善、设施水平、教师队伍建设、儿童发展、保育教育等要素是乡村学前教育质量水平的直接表现。目前现有的教研活动数量上并不缺乏，但大多效果欠佳，耗费了教师课余的时间和精力，反而打击了教师专业提升的积极性。精准教研是整体上提升乡村学前教育质量过程的关键所在，能够对关键要素与主要弊病进行诊断与剖析，让教师得到精准指导与帮扶，对课程与教学进行精准完善与优化，推动教师全面发展。③

路口镇中心幼儿园的教研活动主题丰富，以问题为导向。每次教研活动由园所内教师轮流负责主持，活动前，老师们针对幼儿园近期教学中出

---

① 包文婷. 乡村幼儿教师专业发展刍议［J］. 文教资料，2018（17）：119 – 120.

② 文志琴. 构建幼儿园骨干教师专业发展共同体的实践研究［D］. 湖南师范大学，2018.

③ 李传英，余琳，犹智敏. "精准教研"：破解乡村学前教育发展"四难问题"［J］. 今日教育（幼教金刊），2022（Z1）：41 – 44.

现较多的问题，确定教研主题，然后围绕主题进行材料的收集，为教研探讨做好准备。教研活动在主持教师的引导下展开：首先主持教师负责阐述活动主题与教研目的，围绕研讨内容展开论述；接着各个老师根据事先准备好的材料，分享自己的研究所得，就势展开讨论。每一次的活动中，老师们都会用心查阅资料，准备教研幻灯片，认真记录教研过程。为了能够将教研活动中梳理的内容落到实处，数堂主题公开课将接着在教研月开展。在公开观摩课中，教师们根据教研主题，自发组织教学活动，其他老师在观摩的过程中及时总结记录。公开课周结束后进入评课研讨环节，每位教师对自己执教的内容进行说课反思，大家进而共同围绕教学设计、活动组织、教学效果等方面进行研讨，在学习的同时也反观自身的教育理念和教学行为上的不足，提出改进方法，探索多种教学方式，共同斟酌更好的教学策略，展开智慧的碰撞。

陈苏园长一直以成为研究型园长为追求的目标，她不仅支持园内教师们多参与教研活动，也始终不忘自我提升。陈苏真挚地说："要给孩子一杯水，自己则要拥有一片海洋。"不论是观摩教学、日常活动还是园所管理，她都认真对待、全心投入，积极准备，及时反思。性格开朗外向的她总是积极和领导、同事以及临镇的乡村公办园长等探讨交流，不断更新理念，探索新的教育教学方法，集思广益，力求给孩子们提供更高质量的教育。

## （三）构建乡村幼师学习共同体

幼儿教师是学前教育发展的中坚力量，是教育质量提高的核心要素，构建学习共同体能够打破传统的学习模式和学习关系，解决乡村幼儿教师信息滞后、教育理念更新不及时等问题，促进优质资源的利用，打破致使城乡教育资源不均衡的壁垒，拓展双向教育视野，激发教师学习提升的动力。① 幼儿教师学习共同体是集不同幼儿教师的智慧、思想、情感于一体，

---

① 徐东，姜永燕. 幼教名师学习共同体助推幼儿教师专业发展：原则、困境与策略［J］. 当代教育论坛，2015（5）：24－28.

推动幼儿教师群策群力的协同式发展路径。以合作、共享为核心，实现不同领域、年级、年纪的幼儿教师充分对话与交流，互学互助，以促进幼儿教师专业发展为最终目标。在乡村幼儿园中尤其需要构建起教师学习共同体，让有限的资源双向贯通。①

首先，应该创设民主信任的学习交流环境。幼儿园的教师学习共同体应采用共生式、引导式的管理方式，采用人性化的管理手段来促进教师内化教师专业成长目标，为教师们自主学习提供更扎实的平台和更广阔的空间。乡村幼儿园的发展受地理位置以及环境影响较大，教师们的想法与经验的交流在专业提升过程中至关重要，要以民主信任的学习氛围促进学习共同体内部教师们积极投入，充分学习。②

其次，要提高教师专业发展自主性。教师的主观能动性能够直接影响其参与教研活动的效果，因此要鼓励教师主动调整教育观念，树立终身学习意识，及时反思教学工作。在此基础之上，幼儿园也需要及时提供所需外部条件。乡村幼儿园教师人手普遍有限，一位教师往往身兼数职，繁重的工作挤压了教师提升自身专业能力的时间与机会。乡村幼儿园因基础条件有限，能够给教师所提供的专业成长机会较少且难保质保量，需要相关部门在提升乡村幼儿教育质量时充分关注乡村幼儿教师的专业发展，根据教师的类型、年龄、专业发展情况，匹配培养模式，提供更加多样化的方式引领教师成长。

最后，要发挥园长统筹引领作用。幼儿园园长通常作为教研组长，对于学习共同体的相关活动起关键的管理和引领作用。一方面，园长应主动树立专业引领意识，转变角色认知，激发教师专业发展的热情，增进精神动力；另一方面，园长应尽职尽责，主动扩大专业知识视野，革新教育理念。园长应加强对自身工作的反思，提升对学习共同体的教研活动效果的

---

① 史文秀. 专业发展取向下的幼儿教师学习共同体构建 [J]. 教育探索, 2013 (9)：110 – 112.

② 蔡迎旗, 孟会君. 基于扎根理论的幼儿教师学习共同体影响因素研究 [J]. 教育研究与实验, 2019 (2)：46 – 52.

监督意识，并及时向外获取帮助，遇到困难时采取有效措施进行调整；积极做好共同体的统筹工作，在不影响正常教学工作的前提下，保证共同体内部教师的学习质量。①

路口镇中心幼儿园所采取的教师学习共同体模式包容了各类、各阶段幼儿教师的专业发展所需，将学习型的组织引入教师实际成长空间当中。处于学习共同体中的教师不断交流与融合，碰撞智慧的火花，增强集体认同感；促进教师在实际教学活动中组织教学研究，将所获的理论转化为实践，帮助教师打开视野局限，提升思维模式与自我学习能力。

---

① 何如意. 专业学习共同体视角下幼儿园教研组建设研究 [D]. 武汉：华中师范大学，2022.

# 第五章 投身幼教事业的军人"园丁"

曾经的他是保家卫国的军人，百炼成钢；现在的他是一名可亲可敬的幼儿园园长，满腔柔情洒向祖国的未来。19 岁那年，王锋决定实现自己的军旅梦，毅然踏上了去北京的征程；24 岁那年，他退役回到家乡，从一名乡村老师成长为校长，再转岗为幼儿园园长。他的每一步都稳扎稳打、铿锵有力，如同在部队时的方队正步让人印象深刻。

## 一、案主描述及初印象

王锋，男，岳阳市平江县人，中共党员，出生于 1984 年。2003 年至 2008 年在北京服兵役，2009 年回到了家乡平江县，在平江县公安局指挥中心担任接警员一职；一年后，王锋被分配到平江县加义镇焕新小学，开启了小学教师的工作。从军人到教师的角色转变并不容易，但王锋以他坚定的决心和勤奋的工作态度迎接了这个挑战。在这些年里，王锋意识到自己需要获得教育方面的知识和技能，以更好地履行教师的职责。因此，他积极主动地参加各种教育培训，不放过任何一次学习机会，不断提升自己的教育专业知识。他严于律己，2013 年被评为加义学区的"师德标兵"；通过自学，他于 2016 年完成了国家开放大学的学业，获得了小学教育专业的大专学历；由于在焕新小学表现出色，2015 年和 2016 年王锋连续两年被评为平江县"优秀班主任"。2016 年，王锋被调任至五星小学担任校长职务。他说："我觉得人就像一条河流，只有不断地吸纳活水才能保持清澈。不管我在哪个岗位上，教师也好校长也好，都一直坚持阅读，坚持学习，不断成长。"在提升自己的同时，他带领五星小学实现了生源、师资的双重回流，2018 年被加义镇人民政府评为"优秀校长"。2019 年，他正式担任加义镇中心幼儿园园长。王锋一直认为自己要当战士式的老师，要不怕苦、不怕累，更要有扎实的功底。这一年，他在国家开放大学获得了汉语言文学本科专业学士学位。在幼儿园从教 4 年，王锋认识到身教重于言教，他始终以军人的严谨作风去影响和带动全园教职工。在他和全体教职工的努力下，平江县加义镇中心幼儿园从 2020 到 2022 年连续三年被评为平江县学前教育工作目标管理先进单位，同时也成为平江县幼小科学衔接的试点园。

2022 年 12 月，我们开始与王锋园长接触。由于疫情的原因，我们起初都只能在线上交流。第一次见面已经是 2023 年的 3 月，我们约定好在线上进行访谈工作。经过线上访谈，我们了解到这个案主有大量故事可以挖掘。

线上访谈结束后，我们约定好第二个月去幼儿园见面交流。在漫长的三个小时左右车程之后，我们接近导航中的加义镇中心幼儿园。往车窗外望去，发现幼儿园门口有一个挺拔的身影，个头不高但气势很足，像是幼儿园的守护神，原来是王锋园长站在幼儿园大门口迎接我们。他身穿一件简洁的白色卫衣，头发整齐利落，看上去精神抖擞，充满了干劲。他的笑容极富感染力，让人感到十分友善和亲切。王园长非常热情地和我们打招呼，我们也激动地向园长介绍着自己，握手时发现他胸前还佩戴了党徽，在阳光下闪闪发亮。

在园长的陪同下，我们走进了这所由中心小学改建而成的中心幼儿园。站在园区门口可以看到一片铺满了绿色软垫的大操场，这里是小朋友户外活动的场地，校车也停在这里。王园长介绍道："我们中心幼儿园在2011 年正式成立，原先的中心小学建了新的教学楼便搬走了，幼儿园是在中心小学的旧址上建设起来的，这么多年过去了，我们的环境相对而言是简陋一点。"听到这我们打趣道："不不，这可是永不过时的经典风格啊。"王锋园长听了我们的话，也大笑起来。不过，幼儿园斑驳的墙壁、生锈的楼梯扶手，不难看出岁月留下的痕迹。我们跟着王园长来到二楼的园长办公室。办公室虽然不大但很整洁，办公桌上电脑、文件摆放整齐，其左右两侧分别有两个大的柜子，里面摆满了幼儿园的资料、各种奖状和荣誉证书。办公桌旁边还有一盆绿植，窗台边也有好几株多肉植物，一片生机勃勃的景象。王园长笑着对我们说："我喜欢绿植，它们会给我带来好心情。"简单的几句寒暄之后，我们便正式开始了访谈。

王园长坦言，部队的经历对他现在工作最大的影响就是思维方式。"我2003到2008年都在服役，前两年在河北涞源县，之后又去了北京南口。"听到这我们不由得开始好奇这期间的故事。他说他对河北涞源县最深的记忆是新兵连两年："河北涞源县距离内蒙古比较近，它是挨着内蒙古的一个风口，冬天风特别大。那边的特色就是山永远是光秃秃的，到七八月份雪堆都不会化的，瀑布也是冰森森，很好看。"当然，令王园长印象深刻的不只是风景，还有新兵连的严格训练，现在谈起来还是记忆犹新，他感叹道："这真的是一段让人难忘的经历！"新兵连的严苛、精准和"无情"都让王锋对军营的幻想碎成一地。刚下连队训练，他出现了严重的水土不服，每天呕吐、发烧，最严重时只能悄悄吃退烧药，还要强忍不适，坚持训练，从未耽误一天。五年军旅生活结束之后，王锋回到家乡，在正式分配工作之前会有一年到一年半的过渡期，退伍办安排王锋到平江县公安局的110接警中心担任了一年左右的接警员，这个期间他也在不断找寻着自己未来的人生目标。

退役转业只是转移战场，一个纯粹的士兵，即使脱下军装，依然会保持一颗进取的心，保持军人的作风。回到地方一年后，王锋面临再次选择职业的时刻，他毅然投身教育事业，希望为乡村教育奉献出自己的力量。

## 二、园长是如何炼成的：情系教育，奉献与担当

### （一）初露头角，甘当春风种树人

2010年是王锋在教育岗位上工作的第一年，他选择到偏远的焕新小学任教。王锋印象最深的是他老领导的话："孩子们需要年轻的男老师，你

都不来那还有谁愿意来。"这句话是老领导对王锋的期望，对王锋来说，是压力，也是动力。

焕新小学常年缺乏生源和教师，王锋刚来就要管理和教授两个复式班。面对巨大的压力，虽身心疲惫，他还是迎难而上。王锋对他第一次上课的场景印象深刻：上课铃声响起，他站在讲台上足足有 15 分钟没有办法开讲，学生们自顾自说话、嬉笑打闹，一时之间分不清到底是上课还是课间休息，这让王锋感到很是挫败。"我完全不知道怎么处理这种情况。当时焕新小学有一个经验丰富的老师，每次这位老师一来上课，学生们精神抖擞，也不打闹。我就向她请教各种教学上的问题，也经常去听她的课，在学习的过程中慢慢积累经验。"除了教学上的困惑，王锋还要负责完成学校部分杂务。他一来，学校领导就将以前手写的材料重新录入到电脑以及更新学校的图书资料等工作都交给了他。王锋笑着说道："当时加班到三、四点也要把工作做完才去休息，不然放心不下，也睡不着，这可能是在部队养成的习惯，工作任务没完成，坚决不睡觉。"一段时间努力下来，他不仅把资料整理得非常好，还根据学生的阅读需要，自费订购了图书。王锋住在学校的教职工宿舍，每天从鸡鸣到深夜，教室、办公室、寝室三点一线，把所有时间和精力都用在了教学工作上。他教育学生极为负责，总是督促他们完成作业并且批改后才回去休息。"焕新小学离县城很远，一般采购物资都是用大泡沫箱子装着，放在摩托车后面搭着回来。由于每天都在学校里工作，一周才需要出一次学校，以至于我来这里半年之后，村民们才发现学校来了个年轻的男老师。"村民们知道这里环境艰苦、条件差，老师们都非常辛苦。热情的人们在路上碰到王锋便会邀请他去家里吃饭，有时候王锋推脱不掉，只好接受村民们的招待。他们像对待自己孩子一样，招呼着他吃饭，给他夹菜。"乡亲们非常亲切，所以在焕新小学工作期间，虽然生活条件不是很好，但是很快乐，很充实，也结识了一些'忘年交'。"回想起这些，王锋脸上不自觉洋溢起幸福的笑容。

面对着教学设施落后的焕新小学，王锋积极与上级部门对接，争取他们的支持。通过几年的努力，焕新小学终于建好了平整的操场与篮球场。在教学资源有限的条件下，王锋想尽一切办法，发挥自己的优势，将他在部队所学的军体拳改编成适合小学生锻炼的体操，用自己的智慧与爱给焕新小学的孩子们带来了精彩无比的童年。

## 故事1 教育是点燃火焰

在焕新小学工作期间，有一个叫刘深（化名）的孩子让王锋印象深刻。刘深家在学校附近的山坡下，门口有一片茂密的竹林，站在教室窗边就能看到。他长得白白胖胖，细皮嫩肉，并不是刻板印象中的乡村小孩的形象，家里人对他很宠爱。"他是个机灵的小孩，平时的班级活动也踊跃参加，他的数学成绩还不错，但是一旦犟起来，爸妈在家都管不了。家里只有一个男孩，爷爷奶奶平时也比较溺爱。"长此以往刘深就养成了一些坏习惯，每天上学的短短几分钟路程都要爷爷背着去，原因是他觉得上坡太难爬。老人家隔辈亲，心疼孩子，每天爬坡累得上气不接下气。这件事情是王锋家访的时候了解到的，他当即就对刘深进行了教育，叮嘱他以后不要再让爷爷背着上学了，刘深点头答应，这件事情算是告一段落。可是坏习惯并不是一天两天就能改过来，之后王锋也继续留意观察着，发现刘深还是吵闹着让爷爷背着上学，并且和爷爷赌气，把家里的扫把从坡上丢到坡下，让爷爷一次次从坡下捡回来。

刘深的不懂事让王锋很是气恼，他真想把刘深叫到办公室狠狠地训斥一顿，但是冷静下来一想，如果只是一味地责备刘深不能从根本上解决问题，"心急吃不了热豆腐"，得慢慢做工作。于是王锋找了个合适的机会，给他讲述自己的军旅故事，一次、两次……渐渐地，刘深的内心受到了触动，他渴望像王锋一样成为一名勇敢而有担当的军人。后来，当王锋问他："你是不是觉得部队的生活很辛苦？"刘深摇摇头不说话。王锋接着询问，他才慢慢开口说："老师，我不会觉得辛苦，这样好酷，因为可以锻炼身体，而且以后也不用怕坏人，那我长大了也能去当兵吗？"王锋思考了一会，然后轻轻摇了摇头，微笑着说："刘深，你的热情和对军队的向往我理解，但是军队的生活没有你想象的那么简单，不仅需要强壮的身体，还需要坚韧的意志和付出艰苦努力的决心。"刘深有些失望地低下了头，王锋进一步引导他："刘深，作为学生你要将学业放在第一位，要认真学习。同时，你还需要继续注重身体锻炼和体能训练，如果每天都要爷爷背着来学校，你怎么锻炼自己呢？"在王锋的耐心教育下，刘深开始锻炼强壮的体魄，每天步行上学，不再依赖爷爷。

我们好奇地询问起刘深的现况："算起来，刘深现在也要上大学了吧？"说到这里，王锋脸上藏不住笑意："是的，他还是焕新小学出来的第一个大学生呢！他考上大学就去服兵役了，算是圆了他小时候的梦。""教育不是灌输，而是点燃火焰"，苏格拉底的教育思想在刘深身上得到了完美的体现。看到刘深的成长后，王锋深感自豪和幸福，他意识到自己作为一名教师，对学生的影响不可小觑。点燃他们心中的火焰，让他们去追求自己的理想，勇往直前，这也是王锋作为教育工作者的终极目标。至此，王锋更加坚定了自己的教育信念，他希望自己能做孩子们的引路人，引导他们在成长的道路上茁壮成长，成为对社会有贡献的人。

## （二）马不停蹄，村小校长谋发展

在焕新小学六年半，王锋得到了全面锻炼，收获了宝贵的小学教学经验。2016年，由于工作需要，王锋被调到五星小学担任校长。相比焕新小学，五星小学的条件更加艰苦，整个学校只有一个简陋的厕所。老师没有独立卫生间，想要洗澡也不容易，必须先去厨房支起一口大锅，添上柴火烧热水，然后用盆或桶盛好热水去教室里洗，洗完还要把水泥地板上的水扫出来。一些来自长沙、浏阳的特岗教师等到服务期结束就会马上离开，根本留不住老师，更别想留下学生了，所以为了稳定教师队伍，引导生源回流，王锋花费了不少心思。

首先是改善硬件条件。王锋深知没有良好的教学环境留不住老师，更别说吸引生源了。但是想要改善学校环境，单靠个人很难，还需要整合各方力量。面对着巨大的压力，他多方协调，努力寻求支持。"在乡村建设学校，要涉及林业局、国土局、发改局、税务局还有教育局等方面的程序，很多关系需要协调。好在当时的书记和关键部门的领导都很重视，于是，我们把县教育局的领导请到五星小学，实地考察学校的教学环境，向他们汇报学校的实际困难"。了解了学校情况，领导们非常重视。有了领导的支持，学校改造在王锋的带领下正式开始。两年时间，五星小学新建了一栋教学楼、一个餐厅和一个运动场，修缮了围墙，绿化工作也上一个台阶，并把老教学楼的一楼改建成 8 个带独立卫生间的教师宿舍，二楼改成多功能教室。为了节省费用，很多事情王锋都亲力亲为，自己搬水泥、垒墙等，硬是把自己逼成一个"超人"。除了建设校区需要花费大量的精力，王锋每天还要备课、上课和批改作业，在这样连续的强高度工作下，"超人"也经受不住了。由于吸入太多粉尘，王锋的脖子上长了一个大包，但是连轴转的工作使他无法脱身，于是他带着对身体的担忧度过了最累的三个月，等工作节奏稍微放缓才决定去医院检查。好在检查结果没什么大问题，手术切除了"粉尘大包"，同样也切除了王锋心中的"大包"，到现在他还在庆幸。

除了硬件设施的改善，教师们的教学理念要与时俱进，教师队伍也需要不断壮大。在这几年的教育工作中，王锋坚守课堂教学一线，不断学习先进的教育教学理论，并将其成功应用于课堂教学实践，认真总结，不断反思，逐渐形成自己独特的教学风格。同时，王锋还十分关注教师的专业发展，为他们创造成长机会。让王锋印象最深刻是一位名叫刘洋（化名）的老师。那天，王锋看到校门口有一个人，身旁放着行李，徘徊许久都没有进学校，远远地就听见那人对着电话哭诉着什么。见此情形，王锋走上前去询问，得知刘洋是刚分配过来的教师，看到五星学校的环境如此之简陋，一时无法接受，于是在和父母打电话诉苦。王锋先是让新教师安顿下来休息，之后和她的父母取得联系并向他们说明了情况。刘洋的父母希望王锋多做做思想工作，劝劝她。在王锋的悉心关照下，这位新老师逐渐调节好了情绪，慢慢融入了学校工作当中。王锋意识到，作为一个已经有几年教学经验的教师，同时现在是校长的身份，自己的责任不仅仅是帮助刘洋解决当下的问题，还要指引她在教育事业中持续发展。他发现刘洋内心对教育事业有着无限的热爱和追求，于是鼓励她要坚持自己的想法，并向她传授了一些多年积累的教学经验和教育理念。王锋深知，教育工作中的挑战和压力是无处不在的。因此，他经常与刘洋沟通，关注她的工作情况和心理状态。在她遇到困难或者情绪波动时，王锋会充当一名耐心的倾听者，并给予适当的建议和支持。随着时间的推移，刘洋逐渐积累了丰富的教学经验，并展现出了优秀教师的特质，她的教学也得到了学生和家长们的认可和赞赏。看到自己的辛勤付出得到了回报，王锋感到由衷的骄傲和喜悦。"五星小学现在一共有10位老师和1位校长，我带过的老师后来都选择继续留在那里教书，我非常自豪！"功夫不负有心人，经过3年的建设，五星小学焕然一新，教师队伍也基本上稳定下来，家长们也愿意把孩子送到五星小学学习，学生数也从118增加到180，实现了生源回流。王锋出色的工作能力得到了大家的认可，2018年他获得了加义镇人民政府评选的"优秀校长"，并获得平江县教育体育局评选的平江县教育教学工作"先进个人"等荣誉。

### （三）跨"界"创新，乡村园长融会贯通

本来王锋想继续在五星小学工作，直到自己退休，但有时候工作和生活往往出其不意。

王锋成为园长是一个偶然，但也是必然，就像贝特森所说"谱写我们生活的行为往往是即兴创作，在创作的过程中发现我们创作的形式，而不是追求已经定义的愿景"。"上级领导可能也是从各方面考虑才选定了我。加义镇中心幼儿园2011年就成立了，到2019年的时候幼儿园需要新园长，而我又比较年轻，有干劲，在小学教学和管理方面也做出了不少的成绩，积累了一些经验，所以就决定再给我加点担子，安排我去幼儿园担任园长。"刚到幼儿园时，王锋像个"局外人"，很被动。问到他当时的心情，他概括了一个词——"五味杂陈"。"我非常激动但是又有点忐忑，领导们能够信任我，让我去任职园长，说明这几年在小学的工作获得了认可。担忧在于我并不是学前教育专业的，以前也没有接触过幼儿教育。"为了适应幼儿园的工作，王锋在网上查阅各种关于幼儿园管理的资料，有的资料至今还摆放在办公桌上。

王锋至今还记得第一天站在幼儿园门口迎接小朋友时的情形：他带着些许激动和期待，穿上最精神的一套衣服，并且早早来到幼儿园做准备工

作。小朋友们刚开始很惊讶，为什么幼儿园来了个陌生的叔叔，大家纷纷用好奇的眼光看着他。他被小朋友看得有些局促不安，于是想打破这个尴尬的局面，准备向小朋友们一一问好，但是还没有等他开口，就已经有胆子大的小朋友走到他跟前，仰着小脑袋，满是疑惑地问他："叔叔，你是谁呀，你怎么站在这里接我们？"王锋一改往日严肃的神情，满面笑容地告诉小朋友他是新来的园长叔叔，以后会在这教他们。小朋友们得知了这位陌生叔叔的身份，更激动起来，一起向他问好："园长叔叔好！""叔叔早上好！""欢迎园长叔叔。"王锋有些不知所措，连忙一遍遍地回应着他们："哎，你们也好呀！""你们早上吃早餐了吗？""今天谁送你来学校的，爸爸还是妈妈？"

## 故事2 "脏脏包"变形计

小二班里有一个叫俊俊（化名）的小男孩，他很少说话，但一旦开口就滔滔不绝。刚开始的日子里，他总是尿裤子，随意使用别人的杯子和毛巾，还经常龇牙咧嘴、大哭大闹；高兴的时候，他就在地上和床上爬来爬去，追进追出。小二班的老师们想尽办法，却无法改变俊俊的这些习惯。

于是，王园长使出了他的"观察法"，经常"混迹"在小二班的孩子们中间，以熟悉每个孩子。在一个偶然的机会中，王锋改变了对俊俊的看法。有一天中午，孩子们都急着去玩玩具，活动室里的桌椅东一张、西一张，没人打理，只见俊俊小朋友走过去，一张张地将椅子摆放整齐。这一幕让王园长感动不已，于是问他："俊俊，你怎么不去玩呢？"他回答说："椅子还没摆好呢。"这个小小的举动让王锋园长看到了俊俊的另一面，他也是个有较强规则意识的孩子。自从王园长发现了俊俊身上的"闪光点"后，王锋和小二班的老师们改变了策略，努力与俊俊交朋友，让其他孩子亲近他，与他一起玩耍，并且耐心地培养他的生活自理能力。玩游戏时，老师们主动牵起他的小手，轻抚他的头发，每当他有了一个小小进步的时候，都会在全班小朋友面前表扬他。功夫不负有心人，不久之后，俊俊小朋友的哭闹少了，规则意识更强了，脸上常常挂着微笑，和小朋友的关系也越来越好。

小学和幼儿教育的不同之处在于幼儿教育需要更多的耐心和热情。王园长表示："之前我与小学生的交流非常直接，但在幼儿园，孩子们可能会兴致勃勃地和我分享很多事情。刚开始时，我有些懵懂，也缺乏耐心去倾听和与他们交流，经历了近一年的时间，我逐渐适应了这种情况。现在，我能耐心地倾听并与他们愉快地交流，每天期待着孩子们开开心心地上学，平平安安回家。"天真烂漫的孩子们感染力很强，带给老师们很多快乐，但孩子们也很敏感。王园长说："如果他们跟你打招呼，你没有热情地回应，放学时，就不会和你说再见了。可见，小学生和幼儿园的孩子有许多不同，我要尽快熟悉4到6岁孩子的性格特点，并将之前的教学和管理经验迁移到幼儿园。"对于王锋来说，这并不是一件简单的事情。

王锋将自己定位为一个新兵，必须从头开始学习。在例会或教研会上，他总是抱着学习的态度去倾听。他不断外出学习、培训和参观，这对于提升他的专业能力有很大帮助。他说："刚入职时，局里安排我参加了培训，并派出几位专家教师来我们园进行指导。我还带着我们园的10名教师去其他园所参观、学习。"频繁地用心学习和培训使王锋从一个"门外汉"逐渐融入了幼儿教育领域的专业团队。

# 三、治园经验：启智增慧，为儿童扣好第一粒扣子

## （一）细节无处不在

在交流中我们了解到，王锋园长是一位性格爽朗、工作细致的领导者，他对加义镇中心幼儿园的工作充满了热情和用心。在他的带领下，幼儿园坚持着"精细、务实、成效"的管理理念，不断追求卓越，他为幼儿园的发展和孩子们的成长提供了坚实的支持。加义镇中心幼儿园开园12年来，以常规管理为起点，以制度建设为抓手，在逐步完成了规范化管理的基础上，全员、全程、全方面追求精细化管理。王锋园长深知每个幼儿园都有其独特的发展历程和管理风格，这些特点塑造了各具魅力的办园特

色。他坚信所有幼儿园共同追求的是对"以人为本"的管理质量和效率的不断提升。在加义镇中心幼儿园，他们通过实践和探索，将"精细、务实、成效"作为精细化管理的理念，并在班子分工、制度流程以及服务执行等方面进行了深入的工作。

一是班子分工精细化。王锋园长从管理人员的精细化着手，根据实际情况尝试，通过"1+2+2"的分工管理模式落实幼儿园过程管理，提升过程质量，形成了"第一责任人—直接责任人—主要责任人"的责任体制。王园长作为第一责任人统筹整个幼儿园事务，副园长和各部门主任作为直接责任人，分别负责师德师风建设与教育教学常规、后勤和财务、环境卫生建设、安全工作管理等工作，同时设立自主督评与整改模块，全体教职工作为主要责任人共同承担。这些分工看似简单，其背后呈现的是一种对管理人员的结构、层次、能力等精益求精、谨慎务实的态度，也体现了对精细化管理需要怎样的管理团队的深刻思考。班子精细化的构架代表加义镇中心幼儿园完成了精细化管理的第一步。

二是制度流程精细化。近年来，王锋园长带领教师们一起，先后修订了《加义镇中心幼儿园工作指南》2019版、2020版，从制度上确保幼儿园全员有规可依，人人有岗可查。并且以"全、细、准、实"为目标，精益求精，提升管理成效。同时，加义镇中心幼儿园要求"一活动一方案"，详尽、周全的方案使活动更加有序可循，明确活动的目标和实施内容。这些精细化的工作不仅以固有的姿态稳稳保障了幼儿园管理的基本框架和规范运行，而且其自身不断发展、完善、优化的生长力大大提升了幼儿园管理的质量。

三是服务执行精细化。精细化管理常态化工作最终落脚在办园质量的提高和以人为本的教育服务上，要让幼儿、家长真正受益。中心幼儿园的每一处环境的设计营造都以幼儿为考量，教室整洁、东西摆放有序、整体布置精致舒适，更重要的是处处体现了为孩子而做的用心。在加义镇中心幼儿园，井然有序的保育操作间、儿歌化的保育操作提示、按标志摆放到位的盥洗室工具间等，这些细致工作处处体现了保育精细到位的管理理念。王锋园长说："我们还和平江县第一人民医院牙科合作，开展了为全园幼儿提供免费的口腔健康检查、窝沟封闭等服务，这项活动已经进行了两年。"这也是加义镇中心幼儿园积极与社会力量携手共创精细保育环境的重要体现。

精细化管理形式极大地提升幼儿园的管理效率，通过班子分工精细化，每个管理人员都承担明确的责任，形成了责任体制，减少了决策的延迟和混乱，提高了管理效率和工作质量。同时，这种形式还优化了教育服务，环境设计和布置以幼儿为考量，服务执行的精细化使幼儿园能够更好地满足幼儿和家长的需求。

## （二）双向幼小衔接与去小学化"齐步走"

幼儿园的教育内容和方式更加注重幼儿的自主性和游戏性，而与小学的学习要求和纪律要求相比存在一定的差异，这导致一些幼儿在进入小学后可能会面临适应困难，包括学习习惯、规则意识和社交能力等方面的挑战，因此，幼小衔接工作不可小觑。

王锋认为如果不将幼小衔接工作与"去小学化"工作紧密结合，之前所做的努力可能会白费。王园长曾经进行过一次调研，对象是公办的加义镇中心幼儿园和民办的少林幼儿园。两所幼儿园的生源和教师等条件相似，以前幼儿园小学化的问题尚未进行整改时，民办幼儿园确实是存在小学化的问题。经过调查发现，在民办幼儿园接触过小学内容的孩子们在一二年级时，对知识的掌握确实要比没有学过小学内容的孩子好；但是到了三年级，情况却相反，笔试成绩比没有学过小学内容的学生稍微落后。王锋园长认为造成这种情况最大原因在于这些学生在初入小学阶段没有养成良好的学习习惯。因为在幼儿园已经接触到小学内容的学生，他们往往具备一定的知识基础，所以很有可能产生消极的学习态度，认为老师讲的内容已经学会了，于是注意力不集中，学习习惯不好。

王锋园长在幼小衔接方面有自己独特的经验与见解，他认为去小学化的过程需要与幼小衔接的工作紧密结合起来。因此加义镇中心幼儿园和加义镇中心小学共同开展幼小衔接工作，分为两个阶段：

第一个阶段是带着孩子们走进中心小学的校园。第一个活动是升国旗，让孩子们感受升国旗时庄严的氛围。"我们大班的一百多个小朋友往那一站比在幼儿园要安静很多。他们就会体验到在幼儿园升国旗跟小学是不一样的!"第二个活动是让小朋友走进小学食堂。幼儿园的小朋友是在班上吃饭,老师每天会安排好,而小学的食堂是小朋友自己去打饭菜,大家一起在餐厅里面吃饭。中心小学也安排了高年级的学生做引导员,帮助小朋友排队、领餐具、就餐。第三个活动是让小朋友走进小学教室,让他们去感受小学教室的布置有什么不一样,老师的上课方式有什么改变、学校的行为准则和纪律要求等,在心理上做好准备。第四个活动是感受少先队员文化,让他们了解有关少先队的知识,学习佩戴红领巾。第五个活动是感受小学的大课间,做广播体操,小学的小解说员们会认真细致地讲解肢体动作。最后一个活动就是到中心小学的阶梯教室,集中观看中心小学校长和教导主任制作的 PPT,他们绘声绘色地介绍中心小学的校园文化,让小朋友通过具体的图片以及一些视频来了解小学的生活。

第二个阶段在幼儿园进行,主要体现在教研方面。给孩子们提前做幼小衔接的活动,主要通过他们的手工制作。区域活动中设计的小型文化区,让孩子们意识到转变成为小学生,需要做出哪些改变,为什么要做出改变。

通过以上两个阶段活动的开展,循序渐进,逐步培养小朋友们身份转变的意识,让他们能够更快、更好地去适应小学的生活。王锋带领加义镇中心幼儿园积极探索了双向幼小衔接,第一个"双向"体现在幼儿园与小学这两个幼小衔接实施主体的相互合作,第二个"双向"是指幼小衔接与去小学化工作的双向进行。在中心小学和幼儿园的努力下,加义镇中心幼儿园的幼小衔接工作稳步推进,体现在教师关注到儿童的身心准备、生活准备和知识储备状况,一起帮助儿童走好人生中的重要衔接,努力为儿童的可持续成长服务。

在王锋园长的带领下,加义镇幼儿园的幼小衔接和去小学化工作发生了积极的变化,成为加义镇幼儿园的一项特色经验,同时带动其他幼儿园也意识到了这两种工作结合进行的重要性,开始重视幼儿的身心准备、生活准备和知识储备状况,尝试开展一系列有针对性的活动,让幼儿们提前了解小学的环境和要求,为他们的顺利过渡做好准备。这些变化使得加义镇中心幼儿园的幼小衔接和去小学化工作更加全面和系统化。

# 四、现实困境与诉求探寻

## （一）教育舞台上的传承与碰撞：新老教师之间的对话

目前，加义镇中心幼儿园一共有 25 位老师，教龄在 15 年以上的有 8 位，教龄少于 10 年的有 8 位，有些甚至是半路出家，经验一片空白。这样的教龄差距使得教师们在工作交流时，难免会出现观念不一致的情况。经验丰富的老教师在面对新的任务时，会基于个人的教学经验选择习惯性的处理方式；而新教师更富有创新思维，能突破常规，想出一些新的解决问题的方法。由于新老教师之间性格、年龄等差异，在合作中会产生一定的隔阂甚至冲突，导致合作意愿消极，他们之间发生争论也是家常便饭，从而影响教学工作的开展，王锋园长经常要从中间调解。

### 故事 3　欢喜"冤家"

菲菲（化名）老师 2020 年刚毕业就来到加义镇中心幼儿园工作，作为一位年纪最小、教学时间最短的新手老师，她的教学经验不足，但思维异常活跃。每当听到她的主意时，王园长都会大笑不已："菲菲的点子比我们平江的辣条厂还多呢！"因此，每次策划活动的时候，菲菲老师总是大显身手。与之相反的是梦莹（化名）老师，她资历老道，擅长讲故事以及细腻的情感表达，这让每一个孩子都为之倾倒；她的稳重和细致为幼儿园带来了温暖的氛围。这两位老师，一个是新手，一个是老手；一个活跃跳脱，一个稳重细致。无论从教学能力还是性格上，两个人都存在着差异。梦莹老师说："我希望菲菲能更稳重一点，考虑事情细致一些。"菲菲老师则调皮地回应说："她是个'老古董'，看上去我们俩不搭，但每次合作效果都不错，谁也离不开谁，真是一对'欢喜冤家'啊！"

在一次活动策划会上，两位老师因为小班和中班一起排练舞蹈的事情产生了分歧。菲菲老师认为："小班的舞蹈应该和中班一起排练，让中班的小朋友带动小班，这样也许效果会更好。"梦莹老师却提出了相反的观点："小班的孩子年龄小，活泼好动，还没养成良好的规则意识，和中班一起排练这不得闹翻天了？"就在两个老师各抒己见，僵持不下的时候，王锋园长给出了他的建议："你们两位老师应该提前和小朋友们说清楚排练要求和注意事项，明天先按合班的形式顺一遍动作，如果出现小朋友玩闹、不配合的情况，先按你们设想好的方法去解决；如果效果不好的话，下午的排练就分班进行。"

为了确保排练的顺利进行，两位老师制定了一个简单的解决方案，提前与小朋友们沟通，明确了排练的要求和注意事项。她们告诉小朋友们，这是一个团队合作的过程，每个人都要尽力配合，才能呈现出最好的表演效果。第二天，两位老师按照王锋园长的建议，组织了一次合班的排练，小班和中班的孩子们一起站在舞台上，跟随着菲菲老师的指导练习舞蹈动作。虽然小班的个别孩子偶尔会调皮捣蛋，但菲菲老师和梦莹老师及时采取了有效的办法，让孩子们保持专注和秩序。菲菲老师负责示范，耐心地讲解每一个动作，让小朋友们跟着她的节奏进行练习；梦莹老师则专注于舞蹈动作的细节，仔细观察每个孩子的手摆动幅度、转圈的方向是否正确，并及时给予指导和鼓励。排练进行得非常顺利，小朋友们在两位老师的引导下，逐渐掌握了舞蹈的技巧和节奏。他们尽情地跳跃、转圈，展现出自己的才艺和活力。

演出当天，小朋友们充满自信地登上舞台，他们的精彩表演感染了全场观众，获得了平江县 2021 年度庆祝中国共产党 100 周年华诞暨"六．一"国际儿童节文艺汇演的金奖。这个成绩不仅是孩子们努力的结果，也是菲菲和梦莹老师合作的成果。她们展示了不同的教学风格和特点，相互支持、携手共进。

## （二）区域活动经验尚不足

区域活动作为幼儿园教育的主要形式与途径，对幼儿身心健康发展具有重要价值。区域活动是幼儿能够自主学习、积极探索的一种灵活的教育形式，教师根据幼儿的年龄和身心发展特点，投入游戏材料，根据幼儿的兴趣来选择活动内容和活动形式。加义镇中心幼儿园的区域活动也是在这个思想的引领下开展的，具体分为蛋糕制作区、美食烧烤区、阅读角等，空间划分和活动设计整体还算合理。但是由于加义镇中心幼儿园是从2022年才开设区域领域的教学，时间较短、设计经验较少，因而幼儿园在这方面仍有许多不足，主要体现在以下几个方面。

**1. 区域活动空间面积较小，难以满足活动需要**

班级里既有集体活动，又有区域活动，所以在空间面积的划分上需要考虑多方面的因素，既要满足集体活动，又要保证区域活动的空间需求。足够的空间面积是活动顺利开展的必要条件。① 加义镇中心幼儿园的区域活动位置的分布如下：门口是在右侧，进去之后，左右两边有窗户，室内采光较好，从右至左逆时针方向依次是建构材料、建构区、美食区、角色扮演区、游戏区、图书架、阅读区、益智区等（见图1）。

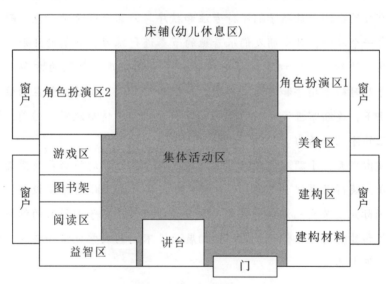

**图1 加义镇中心幼儿园区域活动布局示意图**

但是中心幼儿园的教室是直接沿用之前中心小学的教室，室内空间较

① 高怡. 乡镇中心幼儿园室内区域活动中物质环境创设的个案研究［D］. 长春：吉林外国语大学，2022.

小，除去集体活动区，留给区域活动的空间并不大。空间密度太高时，幼儿的攻击性行为和破坏性行为会增加，社会性行为会减少，注意力也会有所降低。所以幼儿园的区域活动空间需要合理规划，才有利于儿童发展。

### 2. 活动区的规划缺乏明晰性与次序性

《3~6岁儿童学习与发展指南》明确指出了幼儿的发展规律："儿童的发展是一个整体，要注重领域之间、目标之间的相互渗透和整合，促进幼儿身心全面和谐发展，而不是片面追求某一方面或几方面的发展。"因此规划区域活动要注意区域划分界限，用现有的储物柜、书架、地垫隔离开来。教师在进行区域活动环境创设时要注意动静分区原则和干湿分区原则①，例如角色扮演区尽量与建构区相邻，而不是放在阅读区旁边。从加义镇中心幼儿园区域活动布局示意图中可以看出，阅读区与游戏区还有益智区相邻，不利于培养幼儿专注阅读的能力，需要加以改进。

### 3. 建构区材料种类不够丰富

建构区的材料主要包括排列组合类玩具、拼插连接玩具、螺旋连接玩具以及穿编玩具四种。由现场观察可知，加义镇中心幼儿园区域活动的建构区材料多以积木类为主，时间长了幼儿也会渐渐失去兴趣，不能很好地达到培养幼儿动手能力的教育目的。丰富建构区材料不仅可以采购专业材料进行补充，还可以发挥大家的智慧，将生活中的可利用材料改造成为教学材料。如利用纸盒剪裁成特色拼图，幼儿也可以在上面绘画、自由创作，这样在锻炼幼儿建构能力的同时也锻炼了绘画能力，培养儿童的审美与创新能力。

### 4. 材料投放层次性不够

幼儿园区域活动的材料投放是开展区域活动的前提与基础，所以选择材料与材料制作都至关重要。根据《幼儿园教育指导纲要》，投放到区域活动的材料要安全无毒，低结构性，易消毒与清洁，而且要符合儿童不同年龄的发展需要。材料投放的时候除了考虑以上因素还需要考虑到区域活

---

① 董旭花，张升峰，臧冬玲，韩冰川. 幼儿园环境创设［M］. 北京：中国人民大学出版社，2018：125.

动投放的材料要有层次性，能够适应不同的年龄阶段幼儿发展的需要，这样也能提高投放材料的利用率。

# 五、我的思考：乡村转岗园长的职业适应路径

王锋园长是从其他岗位转换到幼儿园园长这一岗位的。他专业不对口，非科班出身，学前教育知识和经验缺乏，经历也相对简单，这些特点也体现在其他幼儿园教师身上。在乡村幼儿园教师来源多元化背景下，转岗园长的职业适应与成长不仅需要个体积极参与，发挥自身的主观能动性，还需要外部提供帮助与支持，通过营造支持的环境、条件和氛围，实现推动、引导和激励的作用。政府和幼儿园是影响转岗园长专业发展的外在因素，而转岗园长作为主体对自身的发展起着决定性的作用，由此，将乡村园长转岗适应路径划分为内部和外部两个维度。

## （一）内部的自我发展支持

### 1. 提升职业的胜任能力

在转岗成为乡村园长之前，许多人可能没有做好充分的准备，进入幼儿园时感到无所适从，不知道从何处着手。俗话说："纸上得来终觉浅，绝知此事要躬行。"胜任乡村园长的职位并非易事，仅有理论知识的储备而缺乏实践经验也只是纸上谈兵。因此，转岗园长应该积极参观幼儿园，观摩实践，详细了解幼儿园的日常生活流程。一旦进入幼儿园工作，转岗园长不仅要尽快适应环境，还应该仔细观察其他教师的言行举止，选择优秀的榜样进行模仿学习。通过观察和借鉴他人的经验，将有价值的教学方法和管理技巧吸收为己用。此外，转岗园长可以利用课余时间观看优秀教师的教学视频，深入探究自己感兴趣的领域，不断提升自己的能力。为了获取更系统化的知识，转岗园长还可以考虑参加在职进修课程或培训，以便获得更全面和专业的教育知识。这样的学习机会可以帮助园长拓宽视野，掌握最新的教育理论和实践，从而更好地应对乡村幼儿园遇到的各种

难题。

### 2. 形成反思习惯，积累实践经验

由于工作的不连贯性，乡村转岗园长在实践过程中可能会遇到不少困难和挑战。因此，要及时总结经验并不断反思，以提升解决问题的能力，实现个人和幼儿园的成长。

惠特迈尔认为，反思我们做了什么，如何做，以及为什么要做，将有助于扩展和增强我们找到有意义的工作能力，自我意识、自我反思和自我评估是促进职业适应这一过程的必要工具。[①] 自我反思是教师与自己保持对话的重要方式。通过经常性的思考和反思，转岗园长可以不断调整和改善自己的教学行为，提高教学水平，并解决实际教学中遇到的问题。这种自我反思不仅能够帮助他们取得教学上的成就，还能够带来成就感和满足感，进一步激发他们的工作热情和动力。在进行自我反思时，转岗园长应该多角度思考，不仅要对自身的教学行为进行反思，还应该关注他人的行为和做法。他们可以参考其他园长的成功经验，思考这些经验是否值得借鉴，以及如果是自己面临相同问题，应该如何更好地解决。通过借鉴他人的经验和智慧，可以更快地成长并提升自己的能力。

### 3. 提高自主学习能力

梁忠义在《实用教育辞典》中提到："学习是有机体普遍存在的适应环境的一种手段"。[②] 对于转岗的园长来说，无论是职前培训还是职后的学习都是至关重要的。但在乡镇，由于条件的限制，参加培训的机会是不多的，就需要园长自主学习。学习不是阶段性的事，而是一生的事。转岗后能否真正适应，要看园长自身是否有充分的准备，能否树立终身学习的观念并付诸实践。一个优秀的园长就是一所幼儿园的航帆。园长既是管理者、领导者，也是教育者，是老师们的老师，是幼儿眼中的榜样。因此，园长更需要不断地学习幼儿教育的新理念，学习幼儿园的管理方式、环境创设、区角活动、一日生活的相关文件、政策，了解幼儿教育专业的新动

---

[①]　WHITMYER C. Mindfulness and meaningful work：explorations in right livelihood ［J］．Parallax Press，1994：19.

[②]　梁忠义．实用教育辞典［Z］．长春：吉林教育出版社，1989：402.

向以及研究的前沿成果，从思想上适应幼儿园的园所文化；将所学的知识和管理的理论运用于实践，使自己快速从专业小白升级为行家里手，充分发挥主观能动性，做一位"学习型"园长，做一个完整的、有能力的、快乐的学习者。①

## （二）外部的社会支持

有学者对流动教师交流初期的职业适应与社会支持的关系进行了研究，发现社会支持水平越高，流动教师的职业适应无论是总体情况还是各个适应方面都越好，高支持水平的教师对新环境有更好的环境认同、更强的工作胜任，能更好应对新旧变化、进行人际交往。② 所以在一定程度上说明，提供社会支持是增进教师工作适应的有效途径之一。幼儿园转岗园长与流动教师的工作性质具有一定的相似性，乡村园长转岗职业适应也需要社会支持。我们结合王锋园长的案例去分析幼儿园园长的工作性质，将转岗职业适应的外部社会支持分为政府、幼儿园、家庭三个部分。

### 1. 积极作为的教育行政部门

教育行政部门可以通过政策制定和资源配置等方式积极支持乡村幼儿教育的发展。例如，可以制定针对乡村幼儿园的特殊政策，降低其行政审批和管理的难度，简化手续和流程，减轻园长的行政负担。同时，提高教育资源的配置和质量。在资金投入和资源支持方面，教育行政部门可以通过增加财政拨款和专项资金，为乡村幼儿园提供充足的经费，用于改善教学设施、购买教育器材和教材；加强教师培训，提升教师专业水平；通过与企业合作，引入社会资本，为乡村幼儿园提供更多的支持，促进教育资源的公平分配。此外，教育行政部门还可以加强与家长和社区的沟通与合作，通过组织家长会议、座谈会和社区活动等形式，了解家长和社区的需求和意见，积极回应他们的关切和期望，形成家校合作、社区共建的良好局面。同时，可以鼓励社区资源的开放和利用，与社区合作共建多功能的

① 陈雅丽. 幼儿园转岗园长职业适应的叙事研究 [D]. 南昌：江西师范大学，2021.
② 郭黎岩，李淼. 中小学流动教师的职业适应与社会支持关系研究 [J]. 教师教育研究，2010，22（3）：56−60.

乡村幼儿教育中心，为幼儿提供全方位的教育服务。

## 2. 建立良好的幼儿园人际关系

由于经济发展差异，乡村幼儿园的辐射范围远小于城市地区的幼儿园，因此幼儿园是乡村园长成长的主要环境。作为外部支持因素的幼儿园环境，其实主要指的就是职场内的支持，包括兄弟姐妹园、园内教职工、幼儿家长能够提供工作时所需要的协助与支持。对此，教育行政部门可以起到牵引作用，建立园长群体互助机制。刚上任的转岗园长，环境、职位以及角色的改变容易使之产生职业的孤独感，进而影响职业的适应。应组织联合周围的兄弟姐妹园，建立园长群体互助小组，提供一个分享和讨论的环境，定期开展交流会，根据自身在管理上遇到的问题进行分析与探讨。幼儿园内的教职工可以说是转岗园长前行路上的同伴，他们彼此之间是一个相互连接的共同体。同伴的支持是一种社会情感支持，属于互助性行为，是个体实现社会化、维护心理健康不可缺少的社会支持。① 在这个共同体中，园长与教师的地位是平等的，角色是相同的，目标是一致的，无论是在保育和教育上还是在家园合作上，他们可以共同探讨、交流，分享各种资源，共同解决复杂和棘手的问题。教师间的良性交流与合作能够帮助转岗园长快速融入集体。幼儿家长也是幼儿园人际关系的重要因素，家长应该正确评价幼儿园教师与幼儿园园长的社会地位和社会价值；树立科学育儿理念，加强沟通；建立家长委员会，以合作者的身份，积极参与幼儿园的教育和管理，为改善幼儿园办园条件出谋划策、提供条件，对幼儿园各项工作提出建设性意见，间接减轻幼儿园园长的工作负担。

## 3. 幸福的港湾

"家是人们幸福的港湾"。家庭环境也是园长重要的社会支持资源。家人的支持是社会支持系统的一个分支。长时间内，家人的支持对个体的心理扶助作用是其他形式的社会支持无法比拟和代替的。家庭具有共同生活、沟通频繁、亲密温馨等优势，家庭中的美满与温馨有助于弥补园长在

---

① 江波，何雯欣. 农民工随迁子女文化适应的影响机制及支持路径：积极心理学视角 [J].教育发展研究，2019，39（20）：78-84.

工作与生活中的心理失衡，能够及时给予处于危机情况下的个体以劝慰、理解、同情、关怀，帮助其渡过难关。① 对于王锋园长来说，园长的工作需要付出更多的精力和时间，因此陪伴自己孩子的时间相对较少，王锋时常感到对家人的亏欠。然而，他的家人非常支持他，经常提醒他一些工作上可能忽略的细节，给予他宝贵的建议和支持，这给了他巨大的动力。因此，王锋他一直在思考如何适应这份工作，如何做好这份工作，从未想过放弃。在王锋忙碌地工作时，家里大小事务都由妻子和父母操持，他们的支持让他能够毫无顾虑地专注于工作，让他能够勇敢地面对困难和压力，找到前进的动力。

---

① 李强. 社会支持与个体心理健康 [J]. 天津社会科学, 1998 (1)：66-69.

# 第六章 乡村花园的守望者

怀揣教育梦想，坚守乡村，做探索乡村教育的实践者。用青春培育幼教新枝，以执着厚植乡土文化。星霜荏苒，她奋楫笃行 11 年，从一名优秀的乡村幼儿教师成长为乡村园长；8 年教师，她坚守在桥江镇中心幼儿园，深耕于幼教的田野，脚踏实地，挥洒青春和汗水；3 年园长，她将本土文化融入教育之中，借助乡土资源创新教育模式，为乡村幼教注入新的生命力。双脚沾满泥土，双手牵起稚童，用真心和真情坚守在乡村教育的沃土上，用行动践行着一名乡村幼教工作者的责任和担当。

## 一、案主描述及初印象

阳超，女，1991 年生，中共党员，湖南省怀化市溆浦县三江镇龙山村人。2012 年毕业于怀化市芷江师范学校，2021 年取得怀化学院学前教育专业本科文凭。师范学校毕业当年，通过教师公开招聘，她考进桥江镇中心幼儿园，开启了幼教事业。2018 年，经溆浦县后备干部选拔，成功被纳入溆浦县后备干部人才库。2020 年 9 月，被任命为桥江镇中心幼儿园园长，曾荣获溆浦县"优秀园长""第一届骨干教师"以及校内"优秀教师"等荣誉称号。到 2023 年为止，她在桥江镇工作已 11 年。

桥江镇中心幼儿园地处溆浦县东南部，坐落在桥江镇沙湾村，附属于桥江镇中心小学，于 2003 年 8 月由原沙湾村小学改建，2009 年再度搬迁扩建为当前桥江镇中心小学。幼儿园已有 20 年历史，占地 2480 平方米，建筑面积 800 平方米，户外活动场地 1000 平方米，绿化面积 680 平方米，由教学区和活动区两部分组成。目前,幼儿园教师共计16名,其中在编教师8名,聘请教师8名;共有6个班级,199名幼儿,其中留守儿童127名,占总人数60%以上,是一所典型的乡村幼儿园。

在与阳超园长建立初次联系的过程中,我们特意翻阅了她的朋友圈,希望通过她的分享找到与她交流的方式。她的社交页面上满是孩子们生活、学习的珍贵瞬间:户外的活动中,孩子们正在打着水枪战和捉泥鳅,在一片欢声笑语中,与自然亲密接触;六一儿童节的古风游园会上,孩子们身着汉服,额心被点上神秘的红色朱砂,羞涩而又好奇地探索古风校园的每个角落;国庆庆典活动中,孩子们在升旗仪式上,伴着雄壮的国歌,一同见证国旗冉冉升起,眼神中闪烁着热爱与专注……透过这些照片,我们感受到了孩子们幸福与快乐,也看到了一位热爱孩子、在教育中用心付出的园长,并对这位全心全意投入在乡村教育的年轻工作者充满了好奇,迫不及待想要了解她的故事。

溆浦高铁站是一个“山窝窝”高铁站,位于群山之上,距溆浦县城有50多公里的路程,开车到县城要1个多小时。我们搭坐私家出租车下山,窗外群山叠翠,云雾缭绕,景色甚美,但我们早已眩晕在了山路十八弯中,无心欣赏这高山美景。近半个小时后,我们才在山脚之中看到了零星散落的村寨,烟火人家。这里的房屋以吊脚楼、木板房为主,是最古朴的建筑风格。经司机介绍,才知道这里多是瑶族居住地,目前当地政府正在试图以自然景观和花瑶文化相结合,努力发展特色旅游文化。

次日清晨,我们坐上了前往桥江镇中心小学的汽车。通往沙湾村的乡间马路不足6米宽,蜿蜒曲折,坑洼崎岖,窗外的田野翠绿广袤,弥漫着春天的气息。经过一路颠簸后,我们终于看到了金色的“桥江镇中心小学”几个大字。门卫处登记后,我们从幼儿园的侧边小铁门进入园内。这个小铁门的高度不足1.5米高,是幼儿园孩子的专用通道,从铁门低头穿过时,我们忍俊不禁,感慨这场景煞是可爱。

抬头看去,教学楼上“一切为了孩子”的红色大字在阳光下格外醒目。教学楼和游乐设施已有些老旧,但园区内丰富的色彩却将整个园区的气氛烘托得很是活跃。阳超园长结束工作后匆匆赶来迎接我们。她身穿淡雅的旗袍，标准的瓜子脸、白皙的皮肤，满是笑容的脸上，露出了浅浅的梨涡；一双乌黑发亮的眼睛，让人感受到了真诚。她热情地和我们握手，简单的自我介绍后，便给我们介绍起了校园。园内一共有 3 栋两层教学楼、1 栋食堂和 1 栋教师宿舍。阳超园长告诉我们："这些都是有 14 年历史的老楼了，条件比较艰苦。但目前已经在建新园区了，就在学校隔壁，预计明年 9 月可以搬迁。"她边走着边向我们介绍："我们这个前坪是专门的区域游戏场地，这边是绿植种植区，这是轮胎手绘区，这是益智建构区……不同的区域主要是针对不同年龄孩子的发展需要。"我们随着阳超园长走进教学楼，在走廊上、楼道间挂满了孩子们的油笔绘画，内容色彩天马行空，无拘无束。教室里，孩子们正欢快地上着音乐课。陌生人的出现引起了孩子们好奇心，他们频频地向窗外看，并在老师的引导下，朝我们甜甜问好。路过午休教室时，我们注意到教室很宽敞，但是床位不多。阳超园长有些遗憾地说道："现在我们中小班的孩子都还是两个人睡一张床上，我们虽然教室空间足够，但是条件有限，缺乏床位。"

　　参观完校园后，我们与阳超园长进行了一次长谈。谈及为什么坚守在乡村幼教这个岗位时，阳超园长轻声笑着说道："这里的孩子们需要我，我也需要着这里。"她透露，自己从小就梦想成为一名乡村幼儿园教师。乡村这片土地见证了她的成长历程。聊到她在乡村工作所面临的挑战时，阳超园长坚定地说道："困难当然有，比如设备和资源的匮乏，教师不稳定等，有很多的问题。所以，也希望透过我的故事，能让更多人了解乡村幼教的真实状况，引起大家对乡村儿童、乡村教师和乡村学前教育的关注。"阳超园长的谈吐与外表娇柔的形象全然不同。在我们的感慨中，阳超园长笑了笑说道："既然是要做事，就要把事情做好。"在这次交流中，她道出了乡村学前教育发展所面临的多重困境，让我们对乡村儿童、乡村学前教育及坚守在乡村的教师们有了一次更立体的认识。

## 二、园长是如何炼成的：融合本土文化，创新教育模式

坚定的步伐，让一名初出茅庐的幼教工作者成长为一名优秀的乡村园长。在这 11 年的旅程中，阳超不仅是孩子们的守护者、教育实践的探索者，还是乡村文化的传承者。教师岗位上，她不断汲取教育的养分和生活的智慧，用自己的双手，将爱的种子播撒在每个孩子的心田。园长岗位中，她以爱心与责任，为乡村的教育事业倾注热情，也为孩子们的成长铺就了坚实的基石。

### （一）从教初心

身为 90 后的阳超，儿时从未能踏入过幼儿园的大门。她出生于湖南省怀化市溆浦县三江镇最远的一个村落——龙山村。龙山村坐落于深山之中，交通不便、贫困落后是这里的代名词。20 世纪 90 年代的乡村幼儿园尚是罕见，政府对学前教育的投入微乎其微，幼儿教师十分稀缺，贫困落后的龙山村更是如此。当时龙山村的孩子，如果想要上幼儿园，就必须翻过三座大山，走三十公里的山路到镇上幼儿园。但镇上幼儿园学位紧缺，招生名额有限，学费对于当时的家庭来说也是一副重担。因此，在其他人上幼儿园的年纪，阳超便是在山间小溪中抓鱼摸虾度过。

"有人说没参加过高考的人生是不完整的，对于我而言，没上过幼儿园也是我人生中无法弥补的遗憾，所以我特别想当一名优秀的幼儿园教师。我想走近每个孩子，给他们一个快乐的童年。"这一颗小小的种子在阳超心里生根发芽。高二时，当时的芷江师范学校来到学校招生，她马上意识到圆梦的机会来了，于是迫不及待地报名，选择了芷江师范学校的学前教育专业，渴望通过专业的学习，让自己离成为一名优秀幼儿园教师的梦想更进一步。

2012 年 6 月，阳超顺利从芷江师范学校学前教育专业毕业；同年 8 月，通过教师公开招考，她顺利进入了溆浦县桥江镇中心小学，回到她的

家乡，成为坚守乡村教育的一分子。

## （二）八年幼儿教师光阴

进入桥江镇中心小学后，阳超如愿以偿地被分配到桥江镇中心幼儿园担任教师工作，迈开了她职业生涯的第一步。在做园长之前，阳超在桥江镇中心幼儿园做了 8 年的教师兼班主任。"刚毕业那会，我满怀期待、意气风发地来到这里，满脑子描绘着大刀阔斧的美好场景。但现实马上告诉我，幼儿园的工作很难做，乡村幼教更难做。"无论是家园沟通、班级管理和专业实践，还是多重角色的工作重任，都给她带来了非常大的压力，她也曾感到很迷茫，但来不及多想，便投入到紧张的工作之中，在学习经验、亲身实践中不断成长。

热爱孩子是教师从事教育的基本前提。阳超说道，刚进幼儿园那一年，她带的是小班，孩子年龄是 3 ~ 4 岁。这是他们第一次长时间离开家长，进入一个陌生的环境中。大部分孩子情绪很不稳定，不是掉眼泪，就是不好好吃饭，整日哭闹着要回家的也不在少数。为了让孩子们融入幼儿园之中，她每天早晨都会提前在幼儿园门外等待孩子们，蹲下来开心地迎接他们，牵着他们的手去教室；在游戏中帮孩子们交朋友，讲故事、唱儿歌，陪他们玩乐；每餐饭耐心地陪伴在教室中，对暂时没有学会独立吃饭的孩子，她耐心地边教边喂。慢慢地，孩子们一看到她就会喜笑颜开，也开始学着自己吃饭、穿衣穿鞋，期待着去幼儿园了。

几年来，看着让家长头痛的"小调皮"们在幼儿园的教育引导下长成乐于助人的"小模范"，看着一口蔬菜都不吃的宝贝在她的鼓励帮助下不再挑食，听着家长们感激的话语，尤其是一些孩子的爷爷奶奶跑到学校来表示感谢时，阳超心中充满着欣慰和感动。真诚的付出会感染孩子，也会感染他人。活动中，孩子们会情不自禁地、顺口喊她"阳妈妈"；站在高凳子上悬挂饰物时，孩子们担心地喊"老师小心点"；走在街上，曾带过的毕业生扑进她的怀里说"老师，好想你"。这一幕幕让她深切地感受到幸福，一种作为幼儿教师的幸福。在与幼儿的朝夕相处和家长的依赖、信任中，阳超对幼儿教育事业的热爱越来愈深。

光有爱是不够的。高尔基说过："爱孩子是母鸡也会做的事，要教育好他们，就需要渊博的知识和科学的方法。"为此，作为幼儿教师需要不断探索科学教育的道路，克服困难。阳超认为，一名优秀的幼儿教师，不能满足于现有的技能，需与时代共同进步，不断接受新的教育理念，扎实自身基本功。工作中，她仔细学习理论，理解孩子，支持、引导孩子成长；不断创新教学方法，积极利用乡土资源设计新玩具，结合区域活动赋予儿童新角色，变换学习空间创设新环境。阳超说："农村学前教育的教师可利用自我提升的资源是相对缺乏的，仅仅依靠个人的探索依旧会被困在狭小的空间格局之中，外部的支持是十分有必要的。"她在工作之余，积极参加教研活动、业务学习及观摩课的评议，到优秀园所参观学习，汲取有益的教育经验。"教师只有不断更新自我，才能给孩子们带来更好的教育"。

阳超工作上尽职负责、踏实肯干，也被领导看在眼里。进幼儿园后的第二个学期，学校领导征询阳超是否愿意去小学部担任少先队员的行政辅导工作。阳超清晰地记得，她想都没想就拒绝了。对她而言，"幼儿教育是我最初的选择，我刚刚进入角色，希望坚持一段时间"。

2018 年，阳超参加县里组织的后备干部选拔，她凭借出色的笔试和面试表现，成功被纳入溆浦县后备干部人才库。隔年，督学办领导找到她，让她去小学部接手学校行政工作，发挥她的才能。这时候阳超已经结婚生子，对于她来说，去从事行政工作待遇更好，上班下班时间也更加固定；家人也更支持她转岗，因为工作以来，对家庭的付出较少，除了周末，几乎没一天准时接送过孩子上下学，给孩子批过作业，陪孩子玩游戏。朋友还开玩笑地说："你真傻，自己的孩子都不管，对别人的孩子倒是关怀之至，你家的孩子不是亲生？"然而，阳超又一次拒绝了这一建议，她表示自己更适合幼儿园工作岗位，希望在这个岗位上做出一点成绩，即便是其他岗位看上去更有吸引力、更有前景，但是自己对幼儿教育"心有所属"，不愿轻易变动。

## 故事1 紧急的电话

乡村幼儿园大多数孩子都是留守儿童，由家里的爷爷奶奶照顾，父母在外务工，经常只有过年的时候见一面，所以很多孩子对老师的感情甚至超过了父母。

有一年暑假在家，阳超突然接到一个家长的电话，电话的那头，是一个急切的、带着哭腔的声音："阳老师，您可以来一下人民医院吗？鹏鹏在家烫伤了，他一直在医院喊着您，想让您过来。"鹏鹏是一个留守儿童，一个人在家玩的时候把家里的石灰粉拆开误玩，弄得满身都是。又怕爷爷奶奶责骂他，就自己去冲洗，结果就被烫伤了。一开始家长并没有想到要通知老师，只想着赶紧送到医院来。孩子来到医院后，一直喊着："阳老师！阳老师！要阳老师过来！"

阳超知道了这个消息，立马放下手头的工作去了医院。"看到孩子烫烂的皮肤，我那个时候眼泪也在眼里打转。"清洗的时候，孩子明显很痛，紧紧地抓住阳超的手。"那一刻，我觉得自己何其有幸！能被小小的他们如此信任。"

这件事情以后，阳超更加注重孩子的安全教育，精心组织安全教育活动。通过生动有趣的故事和实际演示，向孩子们传授基本的安全知识，比如如何与陌生人接触、如何安全过马路、如何避免接触危险物品等。不仅如此，阳超还主动联系家长，组织家长会，强调家庭安全教育的重要性，提醒家长注意，避免出现意外事件，为孩子们的安全保驾护航。

## （三）三年园长初体验

2020年9月，桥江镇中心幼儿园的老园长退休，阳超被校领导任命为园长。现在作为一园之长，阳超园长还是像以往的每天一样，在晨光初照的时候，早早地站在幼儿园的大门口，迎接每一个孩子的到来。每个夕阳西下的傍晚，她又会站在门口，目送每一个孩子安全离开。日常的重复，对她来说，有着不一样的意义和价值。阳超园长说："在每一天的重复中感受到孩子们一天天的长大，就是最大的幸福。"

阳超初任园长时，面临的首要困难是如何平衡行政管理和教育工作的繁重任务。虽然她有丰富的教学经验，但作为园长，她必须处理更多的行政事务，如预算管理、园规制定和畅通家园沟通渠道。此外，师资力量不均衡也是桥江镇中心幼儿园的一个突出问题。幼儿园老教师比较少，大部分是刚刚毕业的年轻教师。如何激励年轻老师，提高他们的教学技能，同时保持经验丰富老教师的热情和动力，成为她必须面对的难题。回忆刚接任的那段时期，阳超园长感慨说："在这一切新的挑战与责任之中，我最深的体会是，领导工作不仅是指挥和管理，更是一种激发潜能、团结心灵的艺术。"作为一园之长，她承担的不仅仅是一份职责，更是一种社会使命。她既需要保证幼儿园的持续发展，肩负缩小城乡教育差距重任，同时，也要带领教师们在专业上成长，成为孩子们心灵成长和智慧启迪的引导者，共同创造一个滋养儿童全面发展的教育环境。

上任后，阳超园长立刻投入到桥江镇中心幼儿园的游戏活动革新之中。她意识到："爱玩是孩子们的天性。让孩子们在游戏中感受到学习的乐趣是目前最重要的事情。"革新的首要任务是重塑园区的游乐区域，创造一个更丰富、更安全的学习和游戏环境，但经验上的缺乏让这件事的实施困难重重。"第一次做这个事情，在网上查阅了很多资料，但都很难具体的实施。"为了完成这一任务，她主动向县里的学前教育专家咨询，带领桥江镇中心幼儿园的教师们去往县幼儿园"取经"，汲取他们的丰富经验。在专家的指导和自己的不断摸索下，桥江镇中心幼儿园的区域活动不仅在物理空间上做出改变，如科学分类了多个区域以针对不同年龄段的孩子需求发展，更在教育理念上进行了创新，将游戏与学习相融合，设置了模拟市场、小型动植物园和科学实验区，让孩子们在游戏中接触到真实世界的元素，从而激发他们的好奇心和探索欲，确保孩子们在愉悦的游戏中学习和成长。

孩子们在游戏中欢笑、学习、成长，他们的笑声如同一串串银铃，清脆又动人。"每个孩子都有无限的可能，只要用心引导和教育。"阳超说，"我们会继续努力，为每个孩子的成长提供最好的支持和帮助。"阳超的话，就像是一份庄重的承诺，印在了每一天的行动中，也印在了我们每一个人的心中。

在这片乡村的土地上，她用行动诠释着什么是坚守，什么是责任，是一个被乡村需要、被孩子们需要的人。从她的激情、爱心和专业的行动中，我们看到了乡村学前教育的希望和未来。

### 故事2　雨中的坚持

桥江镇中心幼儿园，园门口到最远的教室之间有一段不短的距离。这条连接两点的路面，随着时间的流逝变得坑坑洼洼。每当雨季到来，这条路就会变成孩子们的"小冒险之旅"。下雨时，路上的小坑会积满雨水，形成一个个水坑，湿滑，极不安全。

孩子们在玩耍时常常不注意这些水洼，会被湿了裤脚和鞋子，有的甚至会摔倒。在下雨天，坐校车的孩子们需要走过这条坑洼的路才能到达教室。而多数孩子并没有带伞的习惯，所以常常会被雨淋湿。

阳超已经在这条路上走了四年。雨天里，她总是拿着那把雨伞，一次次地把孩子们接回教室。"一个早上下来，多的时候要接几十次"。每次接送完孩子们后，她的衣服、头发和鞋子都湿透了。虽然身体上很疲惫，但看到孩子们干爽的衣服和开心的笑脸，她的心里却充满了甜蜜的满足。她笑着说："这就是所谓的累并快乐着吧！"

随着时间的流逝，这条路上的雨中不仅阳超一个人来回走着，其他的老师也加入了进来。每当下雨天，整个幼儿园的老师都会自发地拿起雨伞，站在不同的路段，确保每个孩子都能干爽、安全地到达教室。这份温暖与关怀的力量也渐渐传递给了家长们，他们中的许多人开始主动加入到这项行动中，组成了一支"雨天接送小组"。无论风雨如何，这些家长总会按时出现在校园的门口，手持雨伞，等待着那些需要帮助的孩子们。他们的参与为老师们减轻了负担，也增强了家校之间的联系，营造了一个温馨、互助的校园社区。

# 三、治园经验：引领教师成长与游戏化教学

阳超园长在治理幼儿园的过程中，以卓越的智慧和深厚的情感，将乡村教育的理念深植于幼儿园的每一寸土地。她不仅是园区的管理者，也是教师们成长的引路人，致力于营造一个充满活力、创新与协作的教学环境。在她的引导下，运用游戏化的方法来激发孩子们的学习兴趣，得到了较好贯彻，取得良好的效果，也成就了自己作为幼师的专业成长。阳超园长的治园哲学不仅仅是关于教学技巧的传授，更是一种文化的培育和价值观的灌输。通过创新的游戏化教学法，她将乐趣与知识融为一体，不断地激发着孩子们的创造力和想象力，同时也让教师团队在实践中成长，共同推动乡村教育的进步与发展。

## （一）引领幼师专业成长

教育家艾利奥特曾说："课程改革是人的改革，课程发展是人的发展。没有教师的发展就没有课程的发展。"因此，提高教师的专业知识与技能，更新教师的教育思想与理念，促进教师的专业化发展，是教育自身发展的必然要求，更是社会进步的必然趋势。

在广袤的乡村大地上，要让贫困地区的幼儿"有园可上"，更要为农村偏远贫困地区的幼儿提供有质量的学前教育，幼儿教师专业化队伍建设显得尤为重要，且是乡村学前教育发展的短板所在。阳超园长通过三年的时间，使桥江镇中心幼儿园逐渐在溆浦县崭露头角，得到了领导和家长的认可。她不仅提高了教师团队的专业化素质，同时，利用本土化乡土资源，创新了特色活动课程。阳超园长在桥江镇中心幼儿园担任园长的三年中，学校获得了溆浦县"先进单位"，个人获得溆浦县"优秀园长"，所带领的教师团队中教师获得桥江镇中心小学"优秀教师""论坛比武一等奖"等荣誉称号。幼儿园的名气在周边越来越响，教师数量稳步增长。

### 1. 新人带教

桥江镇地处偏远，环境艰苦，这对于刚从师范院校毕业的年轻教师来说，是一个不小的挑战。他们有一腔教书育人的激情，但很快就发现，在乡村学前教育的特殊环境中，他们的实践经验相当缺乏，这导致他们在面对教学管理和家园沟通的问题时，感到力不从心。因此，幼儿园教师更渴望能去小学部任教，不仅工作相对简单，而且社会认可度、福利待遇都更高。对于这种现象，阳超园长无奈地讲道："培养一名优秀的老师需要耗费很多时间和精力，年轻的教师们离开幼儿园，对整个幼儿园的师资队伍建设也造成困扰。"虽有遗憾，但她认为每个人都有选择的权利。在这样的困境中，阳超园长依旧在新教师的培养上投入了大量的心思和精力。她说："一个人可以走得很快，但只有一群人才能走得更远。"

如何帮助新教师顺利实现角色转变，为其成长搭建阶梯，阳超园长有一套独特的培训理念和带教模式，她概括为"融入、接纳、支招"。首先，是"融入"阶段。阳超园长通过一对一的"师徒结对"和"导师制度"，帮助新教师迅速适应工作环境，并在桥江镇中心幼儿园建立起情感纽带，培养出安全感和归属感。其次，"接纳"环节强调为新教师提供持续的成长支持，阳超园长积极为新教师争取专业培训机会，建立教育资源共享平台，让新教师能够不断充实自己的知识与技能；通过定期的反馈和评估机制帮助教师们明确个人教育目标，帮助她们补齐短板。最后的"支招"环节，着重于提高新教师的专业素养，阳超园长鼓励新教师们积极参与教育研究活动，帮助新教师们深入理解儿童、理解学前教育的内涵与本质。与此同时，她通过一对一的深入沟通，了解每位新教师的教学教研进展与困难挑战，及时为新教师们提供个性化的建议和支持。这种方法不仅促进了新教师的专业发展，还有助于他们更好地融入团队，建立起深刻的情感关系。

## 故事 3 新星升起

2022 年 8 月，伍蕊（化名）刚刚从大学毕业，怀揣着对未来的憧憬和紧张，考进了桥江镇中心小学。在学校的统筹安排下，她被分配到了幼儿园适应学习。对于这个非学前教育专业出身的新教师来说，面对如何快速融入团队、科学教育幼儿，以及如何从一名学生转变为一名教师的挑战，她感到了前所未有的压力。她常常在夜晚辗转反侧，焦虑不安。她说："我那个时候白天想着怎么做工作，晚上想着怎么做好工作。"幸运的是，阳超园长在教学活动设计、与家长沟通等工作中，给予了她很大的支持和指导。她渐渐找到了自己的节奏，开始享受教学的乐趣。

2023年3月，伍蕊迎来了她教师生涯的第二个学期，这也是桥江镇中心小学负有盛名的教学比武大赛——第三届紫峰论坛报名之际。面对这一消息，伍蕊心中既有跃跃欲试的激情，又有与经验丰富的资深教师比肩的犹豫和忐忑。她轻声地自问："我怎么可能与那些资深老师相比呢？"阳超园长察觉到她的想法后，鼓励她说："作为一名刚踏入教育领域的新手教师，你的每一步都是全新的开始。你所拥有的，是一张白纸和无限的可能，任何经历都将成为你宝贵的财富。"这句话像一把钥匙，打开了伍蕊心中的勇气之门。

紧张的比赛准备期间，阳超园长不仅是伍蕊的指导者，更是她坚强的后盾。伍蕊不仅要应对日常班主任的繁重工作，还要投入大量时间和精力准备即将到来的比赛。为了帮助伍蕊克服困难，阳超园长经常陪她加班到晚上，耐心地一次又一次地提供建议，帮助她修改PPT，使其内容更加丰富，表达更加生动。比赛前夕，阳超园长还不停地叮嘱她注意一些小细节："声音要坚定，表达要清晰……"最终，伍蕊凭借她出色的表现赢得了一等奖。

伍蕊的成长经历，并非个例，而是阳超园长倾注心思培养众多新教师中的一个缩影。每一位新教师都如同被精心浇灌的幼苗，逐渐发芽、开花、结果。阳超园长用她的智慧和爱，点燃年轻教师的激情，发挥他们的潜能，引领他们向着成功的道路迈进。

在新人带教中，阳超园长不遗余力、全心投入。她深知，在乡镇幼儿园，由于薪资待遇、社会认可度和工作环境等问题，在编教师其实也并不稳定，很多教师一直在等待考出去或调出去的机会。因此，阳超园长并未松懈过。她坚信，对每位老师，无论是资深的还是刚入行的，都应当尽心尽责。因为在许多刚刚毕业的新教师眼中，幼儿园不仅是他们步入社会的第一步，更是他们教育生涯的开端，这段早期的经历，往往对他们未来的从教之路产生深远且持久的影响。

### 2. 骨干教师队伍内涵化建设

阳超园长不仅注重新教师的培训带教，同时也在不断探索资深骨干教师专业队伍建设。她认为专业教师队伍建设是幼儿园高质量发展的基石，是乡村学前教育发展的关键。桥江镇中心幼儿园教师团队教学热情高，但她们的教学水平和资源不足，其中专科学历和非学前教育专业背景的教师占较大比例。农村地区的培训资源又相对匮乏，难以接触到最先进的教育理念与方法。面对这种困境，阳超园长说："我们自己要培养教师。"

在专业化教师队伍建设中，她不再仅依靠传统的、从上而下的培训模式或专家教师的经验分享、量化刻板的考核评价等形式去进行强迫性知识的灌输，她认为这些形式会严重打击教师学习的积极性，不利于教师的创造性发挥和可持续发展。阳超园长倡导激活教师内生发展动力，构建教师专业发展的学习型、教研共同体等组织，以促进教师自主学习、探究学习、合作学习，凸显教师专业发展的日常性、实践性以及教师知识的内生性，以此促进教师个人发展，打造教师优秀团队，建设可持续性的高素质教师队伍。

阳超就任桥江镇中心幼儿园园长后，她首先成立了教师教研资源中心，旨在为教师提供一个可以自主学习和交流的平台。我们在参观图书资源中心时发现，资源中心既是图书室又是会议室。阳超园长介绍道："资源中心是建立了，但是目前资源还不够丰富。"尽管资源中心的设施相对简陋，但阳超园长的眼中充满了对未来的期待和希望。"道路还很长，慢慢来。"为了丰富教研资源，阳超园长积极联动长沙市雨花区教育局幼儿园第七幼儿园、怀化市学前教育罗荣辉名师工作室、县幼儿园骨干教师，与她们建立长期合作关系，帮助桥江镇中心幼儿园教师搭建学习型组织，形成教师学习共同体，以带动教师的自主学习、合作学习，优化乡村学前教育教师的发展环境。同时，在教师自主学习的激励评价机制、教学反思及教学研究常态化机制中，她主动创新，将常规化的工作汇报例会改为教学反思研讨会，以促进教师积极主动自觉进行反思，精准定位个人的发展点和生长点。

阳超园长的努力渐渐显现效果，教师们的教学能力得到了提升，其中园内教师在指导下多次获得桥江镇中心幼儿园优秀教师称号，并被其他村镇教师学习，幼儿园的教学质量也随之提高。建设一支高素质、善保教的幼儿园教师队伍，是振兴乡村学前教育的关键①。桥江镇中心幼儿园正在逐步向一个学习型、研究型、创新型的教育组织迈进，为乡村学前教育发展探索出一条新的可能之路。

## 故事4  内部发力，外部助力
### ——桥江镇中心幼儿园教师专业成长纪实

教师在幼儿园具有主导地位，是推动幼儿园发展的主力军。但桥江镇中心幼儿园教师专业水平参差不齐。

2022年9月，桥江镇中心幼儿园一下就来了四位刚踏入工作岗位的青年教师，这对教师培训和教学质量的保障都是不小的挑战。为提高教师专业素养和业务能力，阳超对班主任集体开会21次，其中培训会议6次。对教师的培养被列入园教研的重点。为了加大指导力度，对当年刚踏入工作岗位的四位青年教师，阳超园长对她们进行一一指导，经常去她们班级听课，给予她们帮助和指导。青年教师的学习能力都很强，学习态度也很积极，遇到问题会及时交流。

为了迅速促使青年教师成长，幼儿园在第一学期要求青年教师进行了公开课展示。通过活动发现青年教师们存在的问题，这些问题在课堂教学上有待解决。为了让老师们更科学地进行课堂设计，阳超园长主动向县二幼田园长进行了困惑申请，希望她们能对桥江镇中心幼儿园的老师进行送教下乡活动。在领导的支持下，当年12月份桥江镇中心幼儿园请到学前办

① 洪秀敏，杜海军，张明珠. 乡村振兴战略背景下幼儿园教师队伍建设"中部塌陷"的审思与治理 [J]. 华中师范大学学报（人文社会科学版），2021，60（2）：170-178.

梁和湘主任、县幼儿园园长田华桂以及县幼儿园骨干老师为桥江镇中心幼儿园的教师现场教学，传经送宝。通过对县幼儿园老师的课堂学习，桥江镇中心幼儿园的老师更清晰地认识到教学改进空间以及自己的发展方向。

### 3. 联动帮扶，送教到村

作为镇中心幼儿园，桥江镇幼儿园有责任对辖区内的各类村级幼儿园进行业务管理，充分发挥业务指导、辐射和示范的作用。通过"联动帮扶"的形式帮助农村园教师提升专业水平，这是镇中心幼儿园应尽的义务，更是促进镇中心幼儿园教师素质提升、教学质量提高的有效手段。阳超园长讲道："村级幼儿教师，一是培训机会少，大多没有受过专业训练，专业知识技能缺乏。二是教师年龄两极分化，年轻人流动性高，年长教师接受能力差，所以师资质量这一块有很大的提升空间。正是我们镇中心幼儿园与村级幼儿园紧密的地理关系，有着相似的学情、教情，我们能明确知道村级教师需要什么样的培训，对当地资源如何就地取材进行活动设计以及怎么去激发教师的自我提升的学习兴趣。"联动帮扶，送教到村，不仅是一次次教学活动的展示，更是阳超园长和她的团队对教育公平和资源共享的深度理解和实践。"通往村级幼儿园的路，虽然曲折蜿蜒，但也有人在负重前行。"

为了使"联动帮扶，送教到村"活动取得实效，阳超园长制定了详细的计划和实施方案。首先，她组织镇中心幼儿园的优秀教师到各个村级幼儿园进行实地调研，了解当地幼儿园的教学情况、师资水平和孩子们的特点等。根据这些信息，阳超园长制定了一份详细的帮扶计划，包括针对不同年龄段孩子们的教学方案、课程设置和教育资源等方面的帮扶内容。在送教到村的过程中，阳超园长带领镇中心幼儿园的优秀教师团队，到各个村级幼儿园上公开课、观摩课及示范课，进行现场指导。她们通过观摩、研讨、实践等方式，与村级幼儿园的教师们进行深入交流。针对教师在教学中遇到的问题和困难，阳超园长鼓励教师们积极向有经验的同事请教，互相学习，共同进步。

在阳超园长的指导下，桥江镇各个村级幼儿园学前教育教师们的教学水平得到了明显提升。他们逐渐掌握了新的教学方法和策略，开始更加关注孩子们的个体差异和学习需求。阳超讲道："我花费这么多心思去做这个，也只是想让更多的孩子们受益，让他们能够享受到平等的教育。"

### （二）区域游戏的开发与本土化资源的利用

为了将孩子从狭小的室内解放出来，摆脱学前教育小学化的教育倾向，必须重视游戏在学前教育中具有的重要价值和意义。当前，乡村幼儿园存在教育经费紧缺、教学玩具和操作材料缺乏的现象，游戏活动流于形式，内容单一。"农村幼儿园的教育资源比较落后，我们没有城里的孩子那种好的机会去直接感受博物馆、展览馆、科技馆等这种先进的场所。"教育家陈鹤琴曾说过："大自然是我们的知识宝库，是我们的活教材。"在这种精神的指导下，阳超园长开始探寻本土化资源在区域游戏中的开发与利用。"我们老师尽最大的努力挖掘乡村周边的资源，让孩子能够直接感知、亲身体验我们身边的事物"。

《幼儿园教育指导纲要》提出，"幼儿园应为幼儿提供健康、丰富的生活和活动环境，满足他们多方面发展的需要"，这彰显了区域游戏的重要性。但是什么是区域游戏，区域游戏怎么设置呢？这是阳超园长疑惑和思考的问题。"在我有了做区域游戏的想法后，我就找了领导，请求他们的支持。领导也很给力，立刻就联系县里幼儿园，让我们去参观学习。"阳超带领幼儿园6个班的班主任前往溆浦县二园进行了区域游戏的观摩和学习。学习完之后大家都觉得城乡差别太大，实施起来困难重重：一是孩子们没有接触过，二是教师没有接触过，三是财力物力没有，四是教室空间太小……面对这一些问题，老师们有些许灰心，阳超也感觉压力很大。但她说道："如果我们一直觉得很难，不去做，就永远都不会进步。孩子没接触我们教，老师没接触我们学，财力物力没有找领导，教室空间小想办法灵活运用。"

区域游戏的模式要素之一是为"适合幼儿需要，设置游戏物理环境和资源"。提供可供幼儿自由组合结构的游戏材料，满足幼儿掌控材料的需要，幼儿就有机会自己去创造或构建，积极主动地体验，从而获得有意义的经验。乡村正是实施根性教育、开慧教育、生命教育、生态教育的最佳场域。这里阳光充足，空气新鲜，活动天地大，动植物繁多，有丰富的乡土资源，这是农村幼儿园的优势。虽然地处偏僻，但其丰富的乡土资源也使农村成为了教育的摇篮。阳超园长说："在农村，只要你走近大自然，你就会发现山林间的树叶、田野里的稻草麦秆、河滩上的沙子石头，这些都是取之不尽、用之不竭的手工制作材料。"除了利用乡村各种自然素材和物品进行游戏开发之外，有时候乡村也有些废旧材料可以重复利用。桥江镇中心幼儿园最为特色的是以废旧轮胎为主的游戏活动。废旧轮胎在生活中随处可见，对于一些车行来说，废旧轮胎的处理是难题，往往只能堆在一起变为废品，但对于幼儿园来说，把轮胎进行清洗装饰，描绘图案，一转眼的工夫就可以让废旧的轮胎变成好看的装饰品或者是对幼儿园有用的器材，成了幼儿活动中百玩不厌的玩具。但是，在农村废旧轮胎并没有那么容易获得，桥江镇中心幼儿园的轮胎是教师们走访村民、修车厂，一遍遍"要"来的。教师们根据孩子们的年龄段和兴趣爱好，将搜集到的游戏玩具进行分类和整理，针对不同年龄段的孩子们设计出多种不同的游戏方案。例如，针对3~4岁的孩子们，教师们设计了用石头和沙子制成的棋类游戏玩具，让孩子们在游戏中学习数学和规则意识；针对5~6岁的孩子们，教师们设计了用竹子制成的秋千和毽子等传统游戏玩具，让孩子们在游戏中锻炼平衡感和身体协调能力。

区域游戏的模式要素之二是"赋予幼儿游戏自主权，充分保证幼儿游戏时间"。在游戏开展中，桥江镇中心幼儿园遇到了一些问题。教师充分解放双手，幼儿自由选择怎么玩、和谁玩、玩什么。幼儿玩得很高兴，可是场地那么大，材料那么多，教师发现幼儿玩过的场地上一片狼藉，所有的材料都混在一起，收拾起来非常费劲，有时看他们游戏感觉就像在看灾难片。研讨的时候很多教师都不禁摇头，质疑的声音不断出现："这是在干什么？真乱！""为什么要在外面玩，活动室不用了吗？""这么乱，别人来观摩的时候怎么看？""材料收集后没地方放啊！""不知道这些孩子在玩什么"……针对这一些问题，教师们分析：为什么别的学校的活动、材料工具摆放有序，这是如何做到的？教师在这个活动中扮演什么角色，需要做什么呢？通过研讨，他们决定合理规划游戏区域，增设材料收集箱。在游戏前与幼儿明确游戏的规则和目标，以及材料的使用和归位方法。将各类游戏材料和工具分门别类地放置在指定区域的收集箱内，供幼儿按需取用，并在游戏结束后归位，确保选择过程的有序性。教师们则在游戏中观察、适时介入，指导幼儿解决遇到的问题，鼓励他们发挥创造力，并在游戏后组织幼儿共同整理场地和材料，以培养幼儿的责任感和自理能力，有效地提升游戏活动的秩序性和教育价值。

区域游戏的模式要素之三是"教师转变为幼儿游戏的支持者，观察分析幼儿游戏并给予适时指导"。有学者指出，在区域游戏中，"100%的教师管住了嘴和手，30%的教师能看懂幼儿的行为，10%的教师能适时地回应幼儿的行为"。教师自以为需要帮助幼儿来安排许多事情，但是在实践中发现，幼儿远比教师想象中会玩。因此，在游戏中，教师最重要的就是耐心、用心观察幼儿的游戏。但是，最初在桥江镇中心幼儿园区域游戏的建设中，教师作为幼儿游戏支持者的角色定位并不明确，往往不自觉地便成为游戏活动的主导者。为了解决教师过度主导游戏的问题，阳超园长采取了理论与实践相结合的双管齐下策略。首先组织了研讨会，旨在重新界定教师在区域游戏中的角色，引导教师成为游戏的支持者而非领导者。这些研讨会包括理论学习、案例研究和角色扮演活动，以加深教师们对他们新角色的理解。同时，她还引入了"反思日志"和"游戏日志"的计划。在"反思日志"中，教师们轮流观察同事如何指导游戏；通过"游戏日志"，教师们记录自己在游戏中的观察和干预，以及孩子们的反应。结合"反思日志"和"游戏日志"，教师们再进行研讨以及经验分享。

看着幼儿们蹲在大树底下、滑梯旁边，用从玩具柜里拿来的几根跳绳和几个沙包以及树下那一片片落叶，玩着他们心目中的"过家家"游戏，每次都是交流不断、情节新奇。在等待饭前洗手的环节，幼儿三五成群地拉在一起，很自主地在走道里玩着他们喜欢的"木头人""老狼几点了"等各种户外游戏，自己分配角色、自己制定规则。桥江镇中心幼儿园的教师也变成孩子们游戏中的享受者、崇拜者。阳超园长讲道："当我们为孩子们提供自主动手和思考的空间时，他们的表现将超出我们的预期"。将游戏的权利还给幼儿，让幼儿们可以自由、自主地选择和参与游戏，在游戏中探索、学习、成长。每一个幼儿都有成人读不懂的小世界，看似天马行空的"不靠谱"都是儿童探索和学习的真课程，在不知不觉中成人跟幼儿一起成长。"作为教育工作者要把幼儿成长的每一段时光都赋予意义，关注到每一个幼儿。我们总是期待幼儿轰轰烈烈的成长，但是忘记了成长是有过程的。"

现在，桥江镇中心幼儿园的区域游戏已发展得比较成熟。2023 年上学期中，桥江镇中心幼儿园共开展游戏活动 50 多个，除了以轮胎为主的户外游戏活动，还新增了手指游戏活动 26 个和音乐律动游戏 22 个。区域游戏在桥江镇中心幼儿园已经超越了单一情节的再现或简单的操作，转而在教师的巧妙引导下发展为一系列丰富多样的主题游戏，比如"我是一名小交警""气象播报员"等寓教于乐的活动。这些游戏不仅为孩子们的生活增添了色彩，让他们享受游戏的乐趣，而且通过融合本土资源，为结合当地文化和幼儿园日常教育活动提供了一条行之有效的路径。这些活动的创新和多样性使得该幼儿园在溆浦县逐渐声名鹊起，吸引了周边乡镇的幼儿园前来观摩和学习。

### 故事 5　小猫危机与飞镖守护者的崛起

每周的游戏日是孩子们翘首以盼的欢乐时光。跳绳、小推车和那呼啸旋转的飞镖等游戏项目，让孩子们兴奋不已。然而，随着活动的进行，场面逐渐变得混乱。飞镖四处乱飞，跳绳的孩子与其他游戏区域的孩子频繁发生碰撞，小冲突不断。老师们忙着捡东西、扶孩子、调解，被搞得焦头烂额。为了改变这一状况，教师们在研讨会上集思广益，提出了新的策略：每项游戏前进行示范讲解，设立"游戏规则守护者"角色以维护秩序，并引入奖励机制，激发孩子们的竞争与合作精神。起初，孩子们对守护者角色感到陌生，稍有抵触，但很快就沉浸于这份责任感之中，以此为荣。

故事的高潮发生在一个星期五的下午。欣欣（化名），一个平日里安静、内向的孩子，今天却站在了飞镖区的中心，戴着一项用纸做成的小小皇冠，那是他作为"游戏规则守护者"的标志。在他的指挥下，孩子们有序地排队，轮流投掷飞镖。每当有孩子投掷得偏离目标太远，欣欣都会走上前去，用他那稚嫩的声音用心地讲解投掷的技巧和方法。他的小手比划着，小脚跳跃着，全身心地投入到了这个角色之中。当有孩子投中靶心时，欣欣会高兴地欢呼，比自己投中还要开心。

游戏进行得如火如荼时，意外的事情发生了。一只流浪的小猫突然闯入操场，直奔飞镖区而来。孩子们被突如其来的情况吓得惊慌失措，纷纷向后退去。就在这时，欣欣挺身而出。他迅速跑到小猫身边，轻轻地抱起它，小心翼翼地把它带到了安全的地方，交给老师。他的动作稚嫩但果断，像是一位小小的英雄在保护着弱小的生命。当欣欣回到飞镖区时，孩子们纷纷围了上来。他们的眼神中充满了感激和佩服，欣欣的脸上也露出了自信的笑容。当天游戏结束，欣欣所在的小组被评为最佳。从那以后，欣欣变得开朗和自信，在日常生活中对同学们展现出了更多的责任感和爱心，成为了老师、同学的"小帮手"。

整个幼儿园也因为这次事件发生了一些改变。老师们更加注重维护孩子安全，培养孩子们的规则意识和责任感，让他们在游戏中学会合作与尊重。而孩子们也在游戏中更加注意彼此的感受和安全，学会在面对困难时勇敢担当，学会关心他人、帮助他人。

# 四、现实困境与诉求探寻

乡村教育图景复杂，学前教育发展困难重重。幼小衔接的难题凸显了先进教育理念与传统家长观念之间的矛盾，揭示了改革与传承的微妙平衡；教师流动的困局折射出幼教工作者在社会认可度低下与重负压力下的双重挑战，反映了教育行业的深层次社会问题；园长的自主权缺失体现了管理层级与决策自由间的挣扎，突出了乡村教育体系内部结构的复杂性和局限性。通过对乡村学前教育发展困境的探索，不仅勾勒出乡村学前教育的现实图景，更为未来的教育改革提供了深刻的思考与洞见，昭示着前行道路上的希望与挑战。阳超园长的故事，是对乡村幼教现实困境的深刻反思和积极应对，她的每一步尝试和努力，都为乡村幼教的未来铺平了一条充满希望的道路。

### （一）幼小衔接的难题：科学先进的学前教育理念与家长观念阻滞

幼小衔接是儿童从幼儿园过渡到小学这一关键时期的核心任务，它不仅涉及孩子们的身心发展和行为习惯，也是学习习惯培养的重要阶段。这一阶段的主要目标是帮助儿童能够顺利适应小学的学习和生活环境。为实现这一目标，需要教育者从多方面进行引导，包括培养幼儿良好的生活习惯、学习习惯、自理能力、运动能力和心理适应能力。我国教育学家陈鹤琴在《家庭教育》中提出："幼儿是喜好游戏的，是以游戏为生命的。"考虑到幼儿阶段儿童的理解能力较弱、接受能力有限，为了更好地有效指导儿童开展幼小衔接学习，需要教师充分利用游戏教学模式。通过这种方式，以儿童为中心，以教育为目的，以游戏为教学手段，将科学性与学习趣味性紧密交织，孩子们可以在游戏中学习相关知识，从而提高他们的综合素质。

阳超园长在政策的指引下，秉着"以游戏为主，以特色谋发展"的发展理念，在桥江镇中心幼儿园推行了一系列科学的区域游戏、主题教学活动和元旦晚会等。这些活动的科学性和教育性获得了周边村镇学校、领导和教师的认可。但桥江镇幼儿园的家长大多文化程度不高，主要为务工和务农人员，其中外出务工人员占比高达64%。这些家庭的幼儿都是由爷爷奶奶等老一辈来负责照顾，教育理念相对落后。阳超园长讲道："很多家长不理解游戏的教育价值，就觉得我们在带孩子'傻玩'，导致教师们的职业满足感低落。"大多数家长都有"望子成龙，望女成凤""孩子不能输在起跑线上"等诸如此类的想法，要求教师为孩子讲授识字、拼音、算术等小学化内容，更在乎孩子在幼儿园"学到什么"而不是"做了什么"。
"有的家长甚至自己提前教幼儿小学一年级的知识，认为上小学前应该学
会写字、计算。也会有家长指责我们，认为孩子在幼儿园什么都没有学
会，一天到晚只知道玩。"

苏霍姆林斯基曾说："没有家庭教育的学校教育和没有学校教育的家
庭教育，都不可能完成培养人这一极其细微的任务。"作为幼儿最信赖、
最亲密的人，家长在幼小衔接阶段扮演着不可或缺的角色，幼儿仅凭教师
的引导是远远不够的。家长的过度期望和误解，不仅增加了教师的压力，
也降低了教师的职业幸福感和教学积极性，更是在无形中阻碍了幼小衔接
的顺利实施。

## （二）教师流动的困局：幼教队伍社会地位低与任务重负的双重挑战

乡村幼儿园教师队伍作为乡村学前教育的"主力军"，担负着推进乡
村学前教育高质量发展的职责与使命[①]。教师队伍是影响学校办学质量最
为核心的要素。高素质教师进不来，高水平教师又留不住，逐渐成为阻碍
乡村学前教育发展的重要因素之一。阳超园长告诉我们，每年桥江镇中心
幼儿园都会有教师去考小学教师资格证，只要拿到证便寻求转岗到小学部
的机会。"现在我们的在编教师普遍年轻，大都是刚进入工作岗位的应届
毕业生。"

在当今社会，幼儿教师的职业稳定性受到其社会地位的重大影响。从
政治角度来看，幼儿教师在整个教师群体中处于一种弱势。一项调查显
示，幼儿教师这一角色要求耐心、细致，具有更多的母性特性，因此幼儿
教师职业的女性比例明显高于其他职业，以至于幼儿教育工作往往被刻板
地视为"妇女工作"。在桥江镇中心幼儿园的实例中，几乎没有男性从事
幼儿教育。与幼儿教师相对应的，许多附属幼儿园的领导层却是以男性为

---

① 范欣怡，王映超，李旭. 乡村幼儿园教师流失意愿的影响因素探索——基于扎根理论的
质性分析［J］. 成都师范学院学报，2023，39（10）：1－12.

主。在桥江镇中心小学管理层中，女性仅占三成。这种性别不平衡反映了社会对于幼儿教师的性别偏见，而且暗示了幼儿教师在整个教育体系中的边缘化。其次，从经济的视角来看，幼儿教师在群体里地位低的根本原因是其经济待遇低。尽管近年来幼儿教师薪酬有所提升，但相较于其他职业而言，他们的收入仍然偏低。薪酬福利影响个体的生存状态，在社会竞争压力大的现实背景下，自己的劳动所得与家长和社会对教师的期待不相称，这使幼儿教师心理产生不平衡，久而久之导致幼儿教师的职业倦怠甚至流失。最后，从文化角度来看，幼儿教师在社会中的文化地位同样值得关注。在大众认知中，幼儿教师像群体里的"另类"，虽然带了教师两个字，却更像是"教师"的远房亲戚①。他们的工作和贡献在社会生活中往往不被充分认识和重视，幼儿教师更多地处于社会和教育的边缘，这种边缘化的存在不仅影响着幼儿教师的职业认同感，而且对于整个教育体系的健康发展构成了隐患。

桥江镇中心幼儿园200多名幼儿仅由11名老师照料，其中6名是保育员。虽然桥江镇中心幼儿园是一教一保的模式，但教师们几乎都承担着两个或两个以上职责，他们不仅要照看孩子、保证孩子的安全，还要负责教育教学工作，策划各类教育活动，甚至还要处理家长关系，应对种种突发情况。这样的重负使得许多教师感到力不从心，长时间的高强度工作也使得他们的身心疲惫，缺乏继续投身这个职业的动力。"我们老师每天要做的事情实在太多了，感觉跟住家保姆一样，该做的不该做的都要我们完成。""很多的时候感觉自己不像个老师，除了做基本的教育教学工作之外，居然还要我们去做很多杂活。"老师们也时常抱怨。

### （三）自主权的缺失：镇中心幼儿园园长管理层级与决策自由中的挣扎

《幼儿园管理条例》和《幼儿园工作规程》明确规定"幼儿园园长负

---

① 王海英. 学前教育社会学［M］. 南京：江苏教育出版社，2009.

责幼儿园的全面工作",然而,在乡镇中心幼儿园的实际管理中,这一要求很难得到落实。大部分乡镇中心园采用"校带园"的管理模式,正式属于镇中心小学的一部分。在这一模式下,幼儿园实际上是由小学校长直接管理,而幼儿园园长则主要负责教学业务,桥江镇中心幼儿园便是这样的管理结构。在这种结构下,阳超园长的权力被大幅削弱。她虽名为园长,但在许多重要事务上却需要向小学校长汇报和请求批准。从经费使用到人事任命,几乎所有重要决策都需上级审批。这种管理模式导致了她在行使职责时的无力感,她能够履行职责,却缺乏相应的权力。

尽管桥江镇中心幼儿园在管理上被归类为小学的一部分,但这并未使园长阳超园长的行政工作负担有所减轻。事实上,她依然需要全面负责幼儿园的日常运营,这涵盖了从教学和教研计划的制定,到后勤安保和财务管理等各个方面。这些任务要求她投入极多的精力,以确保一切顺利进行。"虽然学校任命的只有我一个园长,但我还是自己任命了两个副园长来分担工作。她们平时也需要带班、教研,因此只有在年度检查等特别繁忙的时期,才能全力协助我处理园内的事务。"这样的领导结构使得阳超的工作负担异常沉重,加班成为常态,以至于她很难有时间和精力照顾自己的家庭。阳超园长感慨地讲道:"每年的六一儿童节,我都和许多孩子一起度过这特别的日子,但遗憾的是,我自己的孩子却从未在这一天得到我的陪伴。"

在"校带园"的模式下,财务和人事管理上的严格限制对幼儿园的发展产生了直接的影响。活动作为幼儿园课程的核心部分,受到了经费紧缩的直接影响。由于经费使用需层层审批,"老师们在策划活动时变得畏手畏脚,不得不将重点放在如何节省成本上,而非如何更有效地组织活动来促进孩子们的学习和成长"。此外,幼儿园在人事任免上缺乏自主权,无法自由招聘适合的教师。中心园的教师编制经常面临被其他部门挤占的情况,导致教师职务评聘和培训活动边缘化。"在这样的情况下,我也经常感觉到头疼"。

# 五、我的思考：构建三位一体的协同育人模式

乡村教育的广阔天地中，教师精神共契的培养显得尤为重要，它不仅要求情怀与教育的并重，更强调对教师精神的养成和提升。同时，社会资源的共筑成为解决乡村教育困境的关键，通过跨部门合作与资源整合，可以有效搭建起教育支持的坚固桥梁。此外，教育协同在家园共育下的幼小衔接策略，为乡村学前教育的发展提供了全新的视角。对乡村学前教育发展的思考不仅是对现状的深入分析，更是对未来的积极探索。

## （一）教师精神共契：情怀养成与教育并举

国家乡村振兴战略和教育现代化对乡村教师教育情怀提出了新要求和方向指引。2015 年，国务院印发的《乡村教师支持计划（2015—2020年）》中，强调"甘于奉献、扎根乡村"的乡村教师培养策略。未来国家需要具有由内心自主生发出教育情怀的，并为乡村幼儿的未来、为乡村学前教育事业的未来发展而不断努力的乡村幼师。所谓教育情怀，实质上是教师的一种精神境界，是教师对个人问题和社会问题的思想博弈和价值追寻，反映了教师生命意识的觉醒和"人师境界"的复归。[①] 其真正力量不在于简单回顾个人的教育经历，而在于深入探讨和提升这种情怀背后的精神动力，从而激发和支持所有乡村幼儿教师，为他们提供不懈追求教育事业的持续动力。

当前，大部分乡村幼儿园教师的补充途径是采取契约式管理来组织和吸引就业者到农村地区任教，它依赖的是利益调控杠杆，而不是就业者积极推动农村幼儿教育事业发展的主观愿望，这种方式忽视了情感、责任、

---

① 岳欣云. 教师发展的最高境界：教师生命自觉［J］. 华东师范大学学报（教育科学版），2018，36（2）：117 – 122 + 158.

义务等非理性因素，也在一定程度上造成了乡村幼儿园教师的屡补屡缺①。为了培育乡村幼儿园教师的教育情怀，必须深入实践新时代卓越教师和乡村教育者的标准。以"教育人"的思想自觉，结合乡村社会的独特地理位置和人文环境，来培养教师的教育情怀。厚植当代乡村幼儿教师教育情怀，唤起幼儿教师职业发展的内驱力，让他们发自内心地去追求职业生涯的辉煌，具有重要的时代意义。就普遍性与特殊性而言，乡村幼儿园教师的情怀主要包含两个方面：一是扎根乡村、服务乡村的理想和信念；二是对乡村幼儿教育的职业认同②。乡村幼儿园教师的培养涉及"关于乡村""基于乡村"和"为了乡村"的特定教育。这种培养的最终目标是塑造具有社会责任感的教育人才，以改善农村学前教育的发展状况，并推动乡村教育的进步和变革。因此，乡村幼儿园教师的培养应基于农村学前教育的实际工作和生活环境，实施陶行知提倡的"生活教育"理念，培养教师的乡村认同感、乡村社会交往技能和乡村学前教育的能力，使他们自觉承担起乡村幼儿园教师的责任和使命。教师们应提升对自己身份的适应性，并通过教育实践不断增强服务乡村的意识，从而促进乡村幼儿园教师的使命感和自觉性达到和谐一致。

### （二）社会资源共筑：跨部门合作与资源整合

实现学前教育的优质均衡发展成为了新时期学前教育发展的主要目标。《中国教育现代化 2035》指出，"2035 年主要发展目标是：建成服务全民终身学习的现代教育体系、普及有质量的学前教育、实现优质均衡的义务教育、全面普及高中阶段教育、职业教育服务能力显著提升、高等教育竞争力明显提升、残疾儿童少年享有适合的教育、形成全社会共同参与的教育治理新格局"。但一直以来，我国"城乡二元"格局不仅带来社会

---

① 李静美. 农村公费定向师范生"下得去、留得住"的内在逻辑 [J]. 中国教育学刊, 2020 (12)：70-75.

② 胡美玲, 袁凤琴. 乡村幼儿园教师的精准培养策略探析：共生理论的视角 [J]. 成都师范学院学报, 2023, 39 (7)：76-83.

经济发展的不均衡，同时也使学前教育发展呈现"二元分割"的局面①。在现实中，尤其在农村地区，学前教育发展的不平衡和不充分问题尤为明显。优质教育资源的缺乏是农村学前教育滞后的主因，而资源配置后的有效利用也至关重要。因此，持续加大对农村学前教育资源投入及有效地进行管理，是加速农村学前教育优质均衡发展的关键。

为解决这一问题，一是要优化区域资源配置。国家作为主要的资源配置者，必须不断加大对乡村学前教育的支持和投入，这是确保高质量教育发展的基础。政府可以通过提供人均财政拨款和专项补助等方式，改进幼儿园的运营条件和基础设施。同时，地方政府在这一过程中扮演着至关重要的角色，需要强化农村学前教育资源的合理分配和管理。首先，应制定与本地社会经济发展相适应的学前教育规划，并根据各区域的具体需求进行科学的资源规划和分配。其次，建立健全教育资源配置的多级监管机构和管理制度，加强投入保障机制的建设和改革，严格监管资金的使用，以防止资金被挪用或截留。最后，应对农村学前教育资源的投入和使用进行动态评估和调整，比如根据需要调整幼儿园的规模和班级大小，合理配置办园场地和人均面积，确保资源的有效利用，并促进乡村幼儿园达到统一的办学标准，重点建设小而美、小而精的乡村小规模幼儿园。

二是要完善乡村幼儿园教师的资源配置与培养策略。首先，要继续推进乡村特岗教师计划、定向生政策、乡村教师支持政策等，将乡村幼儿园教师的身份管理转变为岗位管理，确立专门的乡村幼儿园教师编制，并制订相关管理政策。其次，地方教育行政管理部门应因地制宜，建立健全乡村幼儿园教师薪资待遇、生活补助、职称评聘、选拔晋升等制度，有针对性地开展教育培训，建立全方位的乡村幼儿园教师保障机制。② 再次，畅通城乡教师的流动与交流渠道至关重要。应消除阻碍城乡教师岗位流动的

---

① 陈蓉晖，赖晓倩．优质均衡视域下农村学前教育资源配置效率及差异分析［J］．教育发展研究，2021，41（Z2）：23-33．
② 姜丽娟，刘义兵．乡村教师专业发展内生动力的生成及培育［J］．教育研究与实验，2021（5）：79-83．

评估指标，促进城乡教师的轮岗交流和双向流动。最后，重点提升乡村学前教育教师的核心教学能力，搭建合作平台，建设师资培养资源库，促进乡村幼儿园教师学习共同体的形成。

### （三）教育协同：家园共育下的幼小衔接

孩子们进入大班，"幼小衔接"成了班级家长口中最热门的话题。《幼儿园教育指导纲要（试行）》提出："家庭是幼儿园重要的合作伙伴，应本着尊重、平等、合作的原则，争取家长的理解、支持和主动参与，并积极支持、帮助家长提高教育能力。"可见家园合作工作的重要性。2021 年《教育部关于大力推进幼儿园与小学科学衔接的指导意见》中也指出，幼小衔接问题是家园合作的重要内容。从国家的重视程度不难看出，幼儿园与家长间的紧密联系对于科学的幼小衔接至关重要。

在当下很多家庭中，为了帮助幼儿适应小学生活，赢在学习起跑线上，家长们可谓用心良苦，以各种方式给幼儿的学习"加餐"，如布置数学计算题，要求练硬笔书法，进行拼音读写等，或者一放学就将幼儿送至课外培训班学习，双休日更是幼儿进行各种课外学习的"黄金时间"。幼儿奔波于幼儿园、家庭、各培训机构之间，然而，他们真的做好了幼升小的准备了吗？

幼小衔接是幼儿园大班教学中的重要内容，而家园合作又是幼儿园主要的教育教学模式，如何将二者有机结合起来，成为了包括幼儿园、幼儿家长在内的社会各界人士所要关注和思考的重要内容。然而，幼小衔接不仅是知识上的准备，更重要的是学习和生活习惯的衔接。过早学习小学的内容，使得幼儿进入小学后会产生焦虑感和厌学情绪。

家长，永远是幼儿的"首席教导官"①。家长需要转变传统教育观念，培养孩子的独立性、注意力、良好学习作息习惯、思考和动手能力；还应

---

① 陈俞英. 家长首席，助幼儿顺利走向小学——谈幼小衔接中家园合作的新路径 ［J］. 幼儿100（教师版），2021（Z2）：91–93.

探索新颖的教育方法，如安排日常家务任务，培养和锻炼孩子良好的责任感和行为习惯。幼儿园方面，应定期召开家长会，举办教育讲座，让家长全面了解幼小衔接的概念和重点；还应创设条件，提供幼小衔接的机会，如邀请小学老师举办观摩活动，与社区和小学合作，带领孩子和家长参观小学，熟悉一年级的环境。社会层面上，教育管理部门应建立完善的制度规范，保障幼小衔接工作的顺利进行；加强监管，避免幼儿园开设不适宜的"小学化"课程。与此同时，整个社会应着力打造一种阅读习惯和文化氛围，不断拓展幼儿的认知和判断力，为打造家园合作的"硬实力"提供"软基础"①。

三方之间形成良好的合作关系，在教学开展的过程中，能够时刻保持沟通，及时根据幼儿情况制定和调整教学方案，确保幼小衔接的科学性和有效性。

---

① 王影. 幼小衔接中的家园合作现状及对策分析［C］//福建省商贸协会. 华南教育信息化研究经验交流会 2021 论文汇编（三）. ［出版者不详］，2021：4.

# 第七章 "以梦为马"的成长型园长

她与母亲一脉相承，坚定投身乡村学前教育；她践行乡村学前教育"家园社协同育人"理念，推动乡村学前教育发展；她立足当地，宣扬乡土文化；她以真心换真情，守望乡村幼儿教育。

## 一、案主描述及初印象

陆涛，女，土家族，1983年出生，湖南省张家界市桑植县陈家河镇人，中小学一级教师。2002年陆涛毕业于株洲机械电子工业学校，2004年在桑植县陈家河镇创办童新艺术幼儿园并任园长，2013年通过自考取得大学本科文凭，2016年成为张家界市武陵源区机关幼儿园专任教师，2021年任张家界市桑植县洪家关中心幼儿园园长。如今，她已经在学前教育战线工作了20年，其间多次被县教育局评为优秀教师，获市、县级多项荣誉。

与陆园长的初次接触是通过腾讯会议。陆园长的亲切、热情以及对乡村幼教工作的教育情怀，给我们留下了深刻的印象。经过一段时间沟通与了解后，我们与陆园长约定了见面的时间。那天，我们从长沙出发，坐了约摸3小时的高铁，来到了张家界市桑植县。虽然素未谋面，但我们一眼便从接站人群中认出了她。从高铁站到陆园长所在的洪家关乡，车程大约半小时。一路上，我们一边透过车窗欣赏着马路两旁关于"乡村振兴"的宣传壁画，一边听着陆园长给我们介绍当地的风土人情，不知不觉就到了。洪家关乡是革命前辈贺龙元帅的故乡，宣传贺龙故居的横幅与贴画随处可见，浓浓的帅乡红色文化气息迎面而来。陆园长所在的洪家关中心幼儿园就坐落在红色文化景区旁。幼儿园是一座外墙贴满青石砖的独栋建筑，大门上依稀可见曾用名"贺龙红军幼儿园"的字迹。进入幼儿园，首先映入眼帘的是名为"帅乡老街"的一条走廊，走廊一边摆放着各种由小朋友们自制的"街头摊位"，有"土家银饰""手工扎染""特色小吃"等，走廊旁的教室则是"嘎嘎三下锅餐馆"。看到这些，陆园长自豪地向我们介绍，这些是幼儿园的环境创设内容，都是老师们带着小朋友一同完成的。随后，陆园长带我们参观了幼儿园的教室、办公室、宿舍、食堂以及户外活动场地，幼儿园的各处都贴满了孩子们的创意美术作品。正值午餐后的休息时间，到处洋溢着孩子们的欢声笑语。"麻雀虽小，五脏俱全"，是我们对洪家关中心幼儿园的第一印象。

## 二、园长是如何炼成的：不忘初心，梦想成真

### （一）一脉相承，初试牛刀

陆涛成长在张家界市桑植县的一个普通家庭，父亲是当地公务员，母亲是幼儿园教师，家里还有一个年幼的弟弟。由于爷爷奶奶过世早，父母工作又都比较繁忙，弟弟经常一个人在家，没有大人照看。有一次陆涛放学回家，看到弟弟没有睡在围床里，而是跟跟跄跄地走到了家门口的水沟旁用手捧着水喝。等到晚上母亲下班后，她便哭着跟妈妈说："你看你们平常都不在，弟弟一个人在家找不到水喝，只能去喝水沟里的脏水。"母亲当时的回复，陆涛至今记忆犹新："我的孩子是孩子，别人的孩子也是孩子，都需要照顾，乡亲们把孩子送到我这里是对我的信任。"从此，母亲作为教师的高大形象就深深地印在了陆涛的心里。母亲从一名代课教师做起，一步一个脚印，不断努力，终于转为公办教师，让陆涛倍受鼓舞，她在心里早早地种下了一颗投身学前教育事业的种子。可以说，母亲就是她职业道路上的领路人。

20世纪90年代，随着互联网技术的普及与信息时代的到来，计算机

专业成为热门专业。1998 年，在亲戚朋友的建议下陆涛阴差阳错考入了株洲机械电子工业学校计算机专业。但这并不是陆涛心中的理想专业，她最想学的还是学前教育专业，因为将母亲的这份事业延续下去一直是她的梦想。

为了实现自己的理想，2002 年中专毕业后，陆涛决定留在学校继续读大专，这次她义无反顾地选择了学前教育专业。看到女儿对学前教育如此热爱，父母萌生了一个想法。母亲在多年的工作中发现，由于乡村中心校的硬件设施和配套条件不足，乡亲们对幼儿教育的需求难以满足，认为办一所乡村幼儿园可以为孩子们的成长提供好的帮助。于是，陆涛一家作出了一个重大的决定：办一所自己的幼儿园。他们筹建了一座三层楼的房子，聘请了一名年轻教师，于 2004 年正式成立了桑植县陈家河镇童新艺术幼儿园。两名教师，58 名学生，年仅 20 岁的陆涛刚一毕业，就开启了自己的学前教育事业。在办园的过程中，陆涛自学教育学和教育心理学，慢慢积累教育经验，一步步成长，在 2009 年和 2010 年先后取得了幼儿教师资格证和园长证。2009 年，陆涛被评为全县民办非企业单位工作先进个人。在陆涛的带领下，童新艺术幼儿园在 2008 年至 2012 年连续 4 年被评为先进单位。

随着时间的推移，童新艺术幼儿园的口碑越来越好，到 2012 年已经拥有 262 名学生，并且开设了幼儿舞蹈和美术特色园本课程。同年，因陆涛的私立园办学成效显著，陆涛以民办教师的身份被桑植县教育局评为县级优秀教师。2015 年，在"国培计划"和"送教下乡"的活动中，陆涛也被评为优秀学员。她说："正是因为那些年取得了一些成绩，在管理上也积累了一些经验，让我觉得可以对自己要求更高一点，力争做一名成长型的教师。"

### （二）投身公办园，继续成长

工作之余，陆涛一直坚持学习。2016 年，陆涛取得了大学本科文凭。同年，正值当地招聘幼儿园在编教师，陆涛信心满满，觉得自己可以试一试。访谈中我们问陆园长：论收入，民办园的园长和经营者肯定远远高于公办教师，为何她会做出这样的选择？陆园长微微一笑，抿了抿嘴唇，回答道："我的梦想就是当一名专业的幼儿教师，并不是想赚多少钱，我个人认为投身公办教育能学到更多的专业知识，也更加纯粹。同时，我也想去另外一个平台看一看，看看外面更广阔的天地，看看我到底能走多远，所以就选择了考编。"

幸运总是眷顾那些努力的人。不出所料，2016年的夏天，陆涛以第一名的成绩考入了张家界市武陵源区机关幼儿园，这对于陆涛而言是一个全新的起点。从民办园到公立园，从园长到普通教师，环境和身份的转变带给她的是机遇也是挑战。"我并没有觉得从园长变成老师，给我造成了什么困扰或者心理上的落差，因为在担任园长的时候，我同样也是一名教师，甚至更多的时候我认为自己就是一名普通的幼儿教师。"对于初入机关幼儿园的那段时间，她这么形容："真正开启了一线幼儿教师平凡但光荣的时光。"

刚进入大型公办幼儿园时，陆涛也在教育活动中也遇到过困难。"刚入职那会儿，我总是想着一定要把活动组织好，进行教学活动时只想着如何完整地、尽善尽美地把教学内容表达出来，而忽视了要认真地解读每一个孩子，忽视了备课除了'备内容'，还需要'备孩子'。导致活动前花尽心思准备的教具和材料在活动中没有真正利用上。"其实这可能也是许多幼教教师入职初期的"通病"，在教学中过于强调知识技能的传授，更关注教学内容和教学节奏，把注意力一味地放在"怎么教"，无形中限制了幼儿的探索性和自主性。值得庆幸的是，进入公办园之后，陆涛得到了更多的培训和学习机会，同时她还阅读了大量的专业书籍。这让她逐渐意识到，组织活动的过程中，应当充分考虑幼儿的学习特点和认知规律，注重幼儿在教育活动中的主体地位。"通过那段时间的培训和自学，我开始在教育活动中尝试着适当放手，也尝试从活动中发现各种教育契机，激发孩子们的探索兴趣，帮助他们发现问题，并培养他们分析问题和解决问题的能力。这样一来，孩子们不仅能在自己原有的水平上获得成长，我也在这个过程中从'我不懂'变成了'我能行'。"

2016年到2021年是陆涛在机关幼儿园收获满满、成就感满满的5年。

在这期间，陆涛先后获得了 2016 年度县教育局组织的论文评选一等奖、2020 年度"国培计划"优秀指导教师、2020 年张家界市教育教学论文评选二等奖。当然，最让陆涛感到欣慰的是看着自己带的"果实四班"的小朋友们，从懵懂天真的小不点成长为活泼可爱的准小学生。

### （三）故土难离，反哺家乡

2021 年 9 月，陆涛离开了张家界市武陵源区机关幼儿园，回到了她的故乡桑植县，在桑植县洪家关中心幼儿园担任园长一职。她又踏上了一个新的征程，要迎接新的挑战。

陆涛原本可以在 2020 年就回到洪家关中心幼儿园担任园长，但是她希望能陪伴"果实四班"的小朋友们毕业，做到有始有终，所以选择在机关幼儿园多待了一年。"到目前为止，我的职业生涯里没有遗憾，只有不舍，不舍自己带过的学生。"当问及陆园长为何愿意放弃机关幼儿园优渥的硬件条件和更多的学习机会，回到乡村幼儿园的岗位时，她说："首先桑植县是我的家乡，故土难离；其次，我也想推动家乡幼儿园的发展，把家乡的学前教育工作做好。带领洪家关中心幼儿园这个团队向前奔跑，是对我自己的一个挑战。"

与机关幼儿园相比，洪家关中心幼儿园无论在师资还是生源上，都存在很大差距。"在我们园里，园长就是老师，总共就只有几名教职工，所以我跟其他老师还有保育员没有什么上下级之分。我相信只要大家都能干好自己的工作，我们这个团队就能稳步前进。"来到洪家关中心幼儿园后，陆园长做的第一件事就是将"以游戏为基本活动，寓教育于各项活动中"作为办园的指导思想。同时，陆园长在幼儿园的环境创设上也狠下功夫，充分发挥乡村幼儿园的优势，将乡土文化和帅乡红色文化融入园本建设中，这才有了我们在幼儿园看到的"帅乡老街"等一系列精美又不失童趣的创意作品。

功夫不负有心人，在陆园长的带领下，洪家关中心幼儿园从环境创设到园本建设，再到教学教研工作都上了一个台阶。突出的工作成绩得到了当地教育局的认可，洪家关中心幼儿园被评为 2021 年度张家界市一级园。

此外，陆园长还带领幼儿园的教师和小朋友们积极参与各项活动和比赛，取得了不菲成绩。陆涛在全县第一届教学能手比赛中获二等奖，在省教科院组织的班级大型角色游戏活动中获全县一等奖和全市二等奖。"在我来之前，任何比赛和活动都是看不到我们幼儿园名字的，所以我的目标就是让全县的学前教育从业者都知道我们洪家关中心幼儿园是棒棒的。"

自陆园长来到洪家关中心幼儿园后，幼儿园得到了乡亲们的认可，生源稳步增长，如今园内已有70余名幼儿。自从升级为一级园以来，洪家关中心幼儿园学费有所上涨，但是让陆园长感到惊讶的是幼儿园的生源却不降反增。"其实现在我们幼儿园的学费已经与当地城镇园相差不多，并且最近的城镇园距离洪家关仅十来分钟车程，但还是有很多家长选择送孩子到我们幼儿园就读，这也说明了我们洪家关中心幼儿园在大家心中确实很不错。"

## 三、治园经验：家园社协同育人

乡村相较城市，其学前教育工作所面对环境更为复杂多变，因此乡村幼儿园的办学需要依据当地乡土、人文、经济发展状况等一系列外部因素总结出与之相适应的办学路径。"家园社协同育人"正是陆涛根据自身多年乡村教育从业经历并结合当地实际情况总结出的宝贵经验。

### （一）转变家长观念，科学幼小衔接

"幼儿教育小学化"在许多家长看来是一件再正常不过的事，乡村地区更为明显。乡村家长为了让孩子通过读书"跃出农门"，一味地希望孩子自幼便开始识文断字，希望幼儿园能多教一些小学的知识，让孩子赢在起跑线上。陆园长说，刚来洪家关中心幼儿园的时候，她发现很多家长看到有些民办幼儿园的孩子们小班就能写字，就更倾向于将孩子送过去。"对此我是持否定态度的，我就跟那些家长说这样子是不行的。小班的孩子，手指都还没有发育完全，需要通过剪、撕、粘等一系列动作去锻炼他

们的手指精细动作，发育好了，到了大班我们自然会进行幼小衔接的教育。我们并不是什么知识都不教给孩子们，更不可能让孩子们连数字都不认识。我们是在游戏和活动中教学。"

洪家关中心幼儿园去小学化的做法，也曾受到一些家长的质疑。面对这样的声音，陆园长会及时跟家长进行沟通，通过朋友圈的形式展现孩子们在幼儿园教学活动中的收获，分享给家长们。陆园长对幼小衔接一直秉承"科学过渡，衔接无痕，家园同行"的态度。2023 年上半年，陆园长组织大班的孩子们去中心小学参观，活动的第一课就是"认识时间"，让孩子们对时间有一个基本的概念。陆园长和老师们带领孩子们走进小学课堂，认识时钟并通过读秒倒计时的方式，让孩子们在一分钟之内做一些简单的动作，例如跳绳、转圈、搭积木、写数字等，让孩子们对"一分钟"这个时间概念有了更加直观的理解。这次活动在家长群里引起了不错的反响，大家都反映自己的孩子对时间的概念更加清晰了。类似的幼小衔接活动还有许多。2023 年 6 月，大班的幼儿临近毕业，陆园长又组织了以"你好，小学"为主题的活动，带领大班的孩子们来到洪家关中心小学，参观了小学的教室、老师办公室、操场、食堂、厕所等地方，让孩子们自主发现小学与幼儿园的不同之处。还带领孩子们走进班级，走进课堂，与一年级的哥哥姐姐们共同上了一课，感受了小学的课堂氛围。课后，一年级的"大朋友"与大班的小朋友互相交换了礼物，寓意友谊长存。这样的幼小衔接活动，让孩子们通过自身的观察、体会，真切地感受了小学生活，激发了他们对小学生活的向往，也增强了孩子们的自信心，让他们对即将到来的小学生活有了一定的心理准备。

## （二）关怀留守儿童，促进家校共育

陆园长作为专业的学前教育教师，深知幼儿正处于行为习惯养成的关键时期，需要家庭和幼儿园通力合作，为幼儿提供一个完善连贯的教育环境。但是乡村留守儿童多，家校共育不是一件容易的事。

洪家关中心幼儿园的留守儿童占比达 70%，许多孩子在家中都由老人照看。由于手机的使用在乡村老年人群中尚未普及，家园之间的信息互通时常受阻，加之很多家长工作繁忙，幼儿园安排的课后亲子活动常常难以开展。据陆园长介绍，她与留守儿童家长们的沟通往往只能在爷爷奶奶接送孩子上学放学的时间段进行。陆园长的幼儿园就有一个较为典型的案例。有一名中班的小朋友，他的父母都在外务工，家中还有一个未满周岁的妹妹，他和妹妹跟着爷爷奶奶居住在幼儿园对面的山头上，来上学大概有 40 分钟的路程。他每天都是由奶奶接送，奶奶一手推着妹妹的婴儿车，一手牵着他，如遇雨雪天气，道路泥泞不堪，十分不便。于是陆园长每天都会走到幼儿园对面的山脚下从奶奶手里把这名小朋友接过来，让奶奶少走一段路。在与奶奶的交谈中，陆园长得知孩子的爷爷瘫痪在床，需要照顾，在幼儿园附近租房并不现实。得知这些情况后，陆园长便帮这个小朋友申请了贫困补助，每个学期能拿到 500 元补助金。陆园长还经常捎上一些幼儿园的早餐给奶奶带回家。孩子的父母也被陆园长的真情所感动，凡是幼儿园安排的活动都尽可能地响应和参加。

"其实许多家长只要感受到我们老师是真心实意地对孩子好，安排的各项活动是为了帮助孩子更好地成长，他们都会尽力配合我们去做一些工作，也会及时响应幼儿园的安排。"从业以来，陆园长一直初心不改，真情实意地对待每一位幼儿。"乡村孩子都特别纯真，你对他好一点，他会记很久，也会为你着想。因为大多数孩子的爸爸妈妈不在身边，老师常常会充当起父母的角色。"

### 故事1 以真心换真情的"陆妈妈"

陆园长所在的幼儿园有这么一位家境特殊的孩子，他的父母没有结婚就生下了他，他出生后，母亲就离开了，父亲一直在外务工，家中只有年迈且身体状况欠佳的爷爷奶奶。陆园长得知他的身世后对他照顾有加，平日里有小零食、小玩具都会带给他，久而久之陆园长便成了他口中的"陆妈妈"。有一次陆园长带着孩子们在做名为"挤油渣"的户外游戏，孩子们对游戏的热情很高，都争相往陆园长这边跑。陆园长便打趣道："小朋友们，你们太厉害了，我认输，我都要被你们挤倒下了。"这个时候，那位称呼陆园长为"陆妈妈"的孩子，跑到她的面前，像个小小男子汉一样挺身而出，对陆园长说："你靠在我身上，我来保护你，这样你就不会受伤了。"听了这句话，陆园长的眼眶湿润了，那一刻她感觉自己就是这个孩子的亲妈妈。

类似的情景在陆园长的教师生涯中还有很多，2021年，陆园长身体抱恙，脊椎出现了一点问题，导致不能弯腰。一次，陆园长带小朋友们在草地上做户外游戏，杂草爬满了她的裤子和鞋子。原本陆园长准备回家之后再对裤子、鞋子进行清理，这个时候一位小朋友跑过来蹲下身子对她说："陆老师，你生病了，不要弯腰，我来帮你把草都摘下来。"回想起这一幕幕暖心的画面，陆园长感慨地对我们说："这些孩子真的让我感觉到，你付出多少爱，就能得到多少爱。"

### （三）融入乡土文化，家园社共画教育同心圆

幼儿的成长环境由幼儿园、家庭和社会三者共同构建。在幼儿园和家庭之外，如何让社会力量参与其中并起到积极作用显得尤为关键。乡村园相较于城市园明显的优势就是能将特色乡土文化有机地融合到保育教育中，让乡村社群积极正向地参与到幼儿成长的各个环节。

陆园长来到洪家关中心幼儿园后，将帅乡红色文化融入园本建设当中。我们在访谈过程中提到：幼儿是否能真的理解红色教育？陆园长是这样回答的："幼儿的理解能力虽然不及成人，但是他们都知道，我们这里是贺龙爷爷的家乡，并以此为荣。对于幼儿红色教育我们主要还是通过讲故事的形式向孩子们进行宣传，比如王二小、刘胡兰、董存瑞等英雄人物的事迹，我准备近期在一楼的教室和走廊中张贴英雄人物故事宣传画，让他们有更直观的了解。"同时张家界的传统美食、手工艺以及当地少数民族独有的传统文化等也融入了园本建设中，这一系列活动的熏陶，培养了幼儿对于当地文化的认同感，厚植了幼儿的乡土情怀。

将社会力量请入幼儿园，开展社团活动，丰富幼儿园生活，满足幼儿多样化学习的需求，也是家园社协同育人的重要一环。陆园长一直积极寻求社会各界力量为幼儿成长保驾护航，比如开展"安全进校园活动"，请

当地交警来园，由"交警叔叔"亲自为幼儿示范如何正确佩戴头盔、应当如何遵守交通规则；请当地卫生部门的叔叔阿姨化身"大白"，为幼儿讲解防疫抗疫知识；带领孩子们到中心学校与小学生一同参加由县政府主办的"《未成年人保护法》进校园"宣传活动等。除此之外，陆园长还带领幼儿走出园区，参观当地景区和纪念馆，让幼儿真切地学习感受身边的"活教材"。

整合幼儿园、家庭、社会三方资源，凝聚教育合力，塑造共同愿景，共画教育同心圆。这十多年的学前教育路，陆园长一路走来，不断地收获着、幸福着，同时也被激励着。未来不论遇到何种困难，她都将披荆斩棘，砥砺前行。

# 四、现实困境与诉求探寻

乡村教师队伍建设问题一直是乡村教育发展的症结，这一点在乡村学前教育上体现得尤为明显。访谈中我们了解到陆园长所在的洪家关中心幼儿园的教师队伍主要存在两大问题：其一是师资力量明显不足，其二是教师专业性亟待加强。

## （一）乡村园师资力量不足

师幼比是反映国家和地区幼儿园教师数量能否满足学前教育发展的结构性指标之一。[①] 教育部于 2013 年印发的《幼儿园教职工配备标准（暂行）》中规定，全日制幼儿园保教人员与幼儿的配备比例应为 1∶7 至 1∶9。洪家关中心幼儿园是一所独立园，与中心校相隔两地，所以教师队伍也相对独立。目前幼儿园共有 6 名教师，其中 2 名在编教师，4 名临聘教师。据陆园长介绍，她不仅担任园长一职，同时还兼任小班的教师，幼儿园的

---

① 洪秀敏，朱文婷，钟秉林. 不同办园体制普惠性幼儿园教育质量的差异比较——兼论学前教育资源配置质量效益 [J]. 中国教育学刊，2019（8）：39-44.

师资力量并不能满足"两教一保"的要求。按照洪家关中心幼儿园目前的情况，师幼比例为 1∶10 至 1∶11，由此可见部分乡村幼儿园师幼比仍低于国家规定的标准。

乡村幼儿园常常因为师资力量不足导致许多工作与活动无法开展。陆园长坦陈，在园本特色"红色乡土文化"这一项工作上，她一直想更加深入一些，开展和组织更多的活动，但是因为教职工人手有限，一直无法实现，只能满足于做好当前工作。陆园长时常在想，如果能够多一位专业教师来分担教育教学任务，她就能更加专心于园务管理工作，将洪家关中心幼儿园的招牌打得更加响亮。

乡村幼儿园师资力量不足的主要原因在于乡村教师"下不来"也"留不住"。首先是"下不来"。目前新生代教师已经成为学前教育教师队伍的主流群体，他们绝大多数人是在城市接受过高等教育的毕业生，往往缺乏乡村生活经历，对乡村环境存在偏见甚至排斥。即使是生在乡村、长在乡村的新生代老师，大多以"跃出农门"为目标，导致新生代教师乡村从教意愿整体偏低。其次是"留不住"。据陆园长回忆，她在开设私立园时，给教师的工资待遇是每月 1800 元，当地其他私立园普遍为 1300 元至 1400元。尽管如此，还是有很多老师不愿意留下。洪家关中心幼儿园同样如此，每年都有老师离开。幼儿园临聘教师的工资只有 2000 多，如果教师家中有两个孩子，工资远不能满足生活开销，大部分的压力都给了配偶。而且临聘教师的工作并不轻松，加班是常态。在乡村地区工资普遍较低的情况下，稳定的教师编制成为乡村教师职业吸引力最重要的一方面，但乡村地区教师编制本就稀缺，流入乡村幼儿园的编制更是少之又少，不少乡村幼儿园教师都是从小学借调过来的。没有编制、工资待遇低、工作强度大等因素，导致乡村幼儿园教师流动性很高。

## （二）乡村园教师专业性亟待加强

相较城市幼儿园，乡村幼儿园教师的专业性不强。陆涛从机关园转到乡村园，对这一点感受颇深。"之前我们幼儿园的园长是中心校的一位副校长兼任的，对学前教育这块并不是很熟悉，所以在幼儿园建设和规划上会有些许不足，我来之后就做了一些调整。"同时，由于教师的专业性不足，也让幼儿园诸多工作开展得不太顺利。在去年的一次园本活动中，陆园长发许多任务都难以分发下去，或者分发下去后教师无法顺利完成，尤其是环境创设和工艺美术这些方面。"我们这里的老师以前都没有接触过创意美术的操作材料，所以很多任务发下去老师也不会做，只能我自己去做，教师的配合度不够高。一些教师对于环创卡纸的理解很浅薄，有些教师只知道它是一张卡纸，不知道卡纸也有很多种类的区分。所以我一直强调老师要多出去学习，提高教学水平和能力。"教师专业性不高，直接导致幼儿园各项工作运转不畅通，使教学目标难以实现。"有的教师为了迎合家长意愿，导致教育目标偏离，违背了幼儿教育规律。"据陆园长介绍，当地大多数幼儿园教师专业提升的主要方式是通过相互学习和线上课程学习，途径较为单一。

导致乡村幼儿园教师专业水平整体偏低的原因，主要是专业基础薄弱和提升困难。公开资料显示，仅有半数乡村幼儿园教师是通过公开招聘或毕业分配的形式进入乡村幼儿园，其余则为其他幼儿园或中小学转岗以及其他行业转岗。转岗教师大多非学前教育专业出身，在专业基础上"先天不足"，需要大量有效的职后培训来弥补短板。然而，乡村幼儿园教师培训机会短缺，工学矛盾突出，使得教师专业提升"后天乏力"。

## 五、我的思考：多措并举，<br>助力乡村幼儿园教师队伍质量提升

针对乡村幼儿园教师队伍建设的问题，需要从多个角度入手，全方位保障教师队伍数量与质量的稳步上升。一方面，要通过对教师待遇的保障和提升留住现有优质教师资源，并吸引更多人才加入乡村学前教育队伍，保障乡村教师队伍数量的提升；另一方面要通过完善教师培训体系，激发教师自我发展的内生动力，促进教师队伍质量的提升。

## （一）提升乡村幼儿园教师待遇，树立身份认同

第一，建立健全教师工资保障机制，确保乡村幼儿教师工资按时足额发放。首先，为确保乡村幼儿园教师队伍稳定，地方政府应严格贯彻落实乡村教师薪资保障以及生活补助政策。乡村公办幼儿园教师工资应与本地公务员实际工资收入相当，实行财政统一发放的办法，从县（区）财政预算中单独列项，专户储存，专款专用，按时定额到位。其次，设立乡村幼儿教师最低工资保障，享有法定节假日、带薪假等劳动权益，并进一步完善养老保险、医疗保险、工伤保险、保障住房等一系列法规，做到乡村幼儿教师与中小学教师待遇、保障相同。此外，应设立乡村学前教育特殊岗位津贴，对在乡村幼儿园长期从教、贡献突出的乡村幼儿教师给予经济补助，条件越艰苦、从教时间越长的教师补助标准越高，从而提升乡村幼儿教师岗位的吸引力。

**【政策回顾】**

大力提升乡村教师待遇。深入实施乡村教师支持计划，关心乡村教师生活。认真落实艰苦边远地区津贴等政策，全面落实集中连片特困地区乡村教师生活补助政策，依据学校艰苦边远程度实行差别化补助，鼓励有条件的地方提高补助标准，努力惠及更多乡村教师。

——《中共中央国务院关于全面深化新时代教师队伍建设改革的意见》（2018 年 1 月 20 日）

第二，提升乡村幼儿园教师职业认同感，让教师安心从教。首先，在国家层面，应进一步加强对乡村幼儿教师价值的国家认同，以国家的价值认同促推乡村幼儿教师的身份认同。其次，在社会层面，应进一步加强对乡村学前教师地位的社会舆论认同，摒弃城市与乡村、城市文化与乡村文化、城市幼儿园与乡村幼儿园的二元对立与隔离化评价，以社会舆论认同促推乡村幼儿教师的身份认同。最后，在乡村层面，应进一步建立乡村文

化自信，以乡村文化自信促推乡村幼儿教师的身份认同。乡村不是文化贫瘠的场域，而是绵延农耕文明的发源地与发展、创新场域，拥有乡土自身特有的人文精神与道德规范。乡村幼儿教师作为新时代乡村知识分子的代表，应当由此获取身份自信，从而获取作为乡村学前教师的积极身份认同。

## （二）充分利用社会资源，家园社协同育人

幼儿的教育活动，既是发生在幼儿园的，也是贯穿于家庭生活与社会活动中的。在乡村幼儿教育师资不足的背景下，家庭、幼儿园、社会协同育人，一方面对幼儿的身心健康具有重要意义，另一方面也是对乡村幼儿教师队伍的补充。

首先，充分利用社区丰富的环境、物力和人力资源，实施"请进来"和"走出去"的策略。在幼儿园的教育过程中，将家长、社区工作人员和其他领域的专家请到幼儿园，在各自专业领域分享经验、组织教育活动，带领幼儿更好地观察和学习丰富的社会知识并提升社会认知。幼儿园教师也可以根据现实情况，安排家长轮流做志愿者和值日服务生，帮助他们了解并参与到幼儿教育的园区活动中，提高家长在育儿方面的参与度和配合度，缓解目前乡村幼儿教育家校共育困难这一症结。同时，还可以组织幼儿走出园所，走进社区或其他相关教育、活动场所，为幼儿提供更大的探索空间和活动范围，增强幼儿教育的广度，提高幼儿教育的效度。

其次，乡村幼儿园园长和教师可以在乡村家园社协同育人的教育实践中积极作为。可以将幼儿园的课堂搬进乡村田野。在幼儿园教学期间，邀请专家把脉，立足当地，带领团队开发乡土课程资源，实施生态教育，探索适合乡村幼儿的学前课程。结合当地特殊环境，开展幼儿园特色教育；利用当地社区资源，带领幼儿园的老师们，为学生开拓学习活动的生态种植园等活动场地。根据乡村留守家庭众多的情况，可采用定期给家长开放幼儿园阅览室、带领教师进行全员家访等方式，实现家园良性互动，帮助家长学习科学育儿知识，以实现乡村教育与乡村社区的深度融合、共同发

展、双向奔赴。

## （三）完善培训体系，畅通专业提升通道

学前教育是我国教育体系中的薄弱环节，而农村是"薄弱中的薄弱"。农村学前教育之所以薄弱，主要还是教师专业水平不高。通常认为，提升农村幼师专业水平，最有效的办法，就是培训与教研。建立健全乡村幼儿教师培训体系，是幼儿教师队伍补充、稳定和提高的有效保障。2011 年，教育部、财政部颁布了《关于加大财政投入支持学前教育发展的通知》和《关于实施幼儿园教师国家级培训计划的通知》，明确将幼儿教师的培训纳入中小学培训规划，实施五年一周期的幼儿教师全员培训计划。此后发布的《"国培计划"课程标准（试行）的通知》和《关于做好 2018 年中小学幼儿园教师国家级培训计划组织实施工作的通知》，进一步优化了幼儿教师培训体系，将保教融合作为培训重点内容，旨在提高幼儿教师的综合素质和科学保教能力。教育行政管理部门应依照国家政策，建立完善的乡村幼儿教育教师培训体系，保障经费投入、监督培训质量。同时，与乡村幼儿教师建立良好畅通的对话机制，深入了解乡村幼儿教师专业发展的实际需求，实施分层分类的乡村幼儿教师素质提升专项计划。

**【政策回顾】**

（二）推进重点改革，完善高质量精准化的培训机制

3. 完善教师自主发展机制。强化分层分类，实施精准培训。完善线下集中培训、在线培训、校本研修融合的混合式培训，推进教师常态化学习。开展教师自主选学试点，根据教师专业发展不同阶段制定个性化、周期性的发展规划，建设选学服务平台，教师自主选择培训项目，探索教师自主发展机制。开展教师培训整校研修模式改革探索。完善学分认定登记制度，强化培训学分银行建设，推进教师培训与学历教育衔接。

4. 创新教师发展协同机制。建立师范院校、地方政府、中小学幼儿园协同开展师范生培养、教师专业发展和教育教学改革的机制，建设国家教

师教育改革实验区。深入实施教师发展"一对一"精准帮扶，各省规划、协调域内发达县区对口帮扶乡村振兴重点帮扶县，健全优质学校与乡村小规模学校、乡镇寄宿制学校手拉手协同发展机制。

5. 推动人工智能与教师培训融合。支持有条件的地方、高校和机构探索"智能＋教师培训"，建立基于大数据的教师专业发展测量与评估机制，对教师精准测评、指导，实施智能化、个性化、交互性、伴随性培训，形成人工智能支持教师终身学习、持续发展的机制。

（三）强化能力建设，健全教师发展支持服务体系

6. 打造高水平教师培训机构。市县教师发展机构为基础，师范院校为主体，高水平大学、专业机构、优质中小学幼儿园共同参与，建设一大批专业、引领、创新型培训机构。支持市县教师发展机构发挥好示范性作用。鼓励支持高校开展教师专业发展研究，加强学科建设。改进师范院校评价，将服务基础教育教师专业发展作为重要指标，引导师范院校与中小学幼儿园合作开展教师专业发展模式探索。

7. 建强专业化教师培训队伍。加大培训者、管理者培训力度，提高培训队伍专业化水平。针对性地遴选一批名师、学科带头人、教研骨干等作为教师培训储备力量进行培养，持续打造省市县三级教师培训专家库。完善高校、中小学从事教师培训工作的人员待遇保障机制。

8. 加强培训资源和平台建设。持续开发、遴选教师培训精品资源。推动现有信息化平台优化升级，建设教师培训资源平台，汇聚优质培训资源，供教师自主选择学习，实现优质资源全面覆盖、全体共享。

（四）完善过程管理，健全全方位的监管评价机制

9. 强化培训实施的监管评价。通过大数据评估、参训学员网络匿名评估、专家抽查评估和第三方评估等对项目实施过程及成效进行监管评估。完善培训机构资质准入标准。探索建立项目等级制度，倾斜支持精品项目、淘汰不合格项目。探索周期遴选与免评备案相结合的制度，鼓励绩效考评优良的单位连续承担同类培训项目。

10. 完善参训教师综合评价。推动教师培训信息化管理系统的功能优

化，将具备利用信息化手段进行培训过程管理的条件和能力作为培训机构遴选的重要指标之一，精准记录教师培训信息，对教师学习过程和效果进行综合评价，适时提供反馈和跟踪指导。

——《教育部 财政部关于实施中小学幼儿园教师国家级培训计划（2021—2025 年）的通知》（2021 年 5 月 13 日）

## （四）强化乡村幼儿教师主体性，激发专业发展的内生动力

政府、教育行政部门给予乡村幼儿教育更多关注与支持是乡村幼儿教师专业发展的外部动力，而教师发挥主体性，才是教师专业发展的内生动力。

首先，乡村教师需要不断增强自我专业发展的主体意识，及时把握有利于自身发展的一切有利因素与资源。譬如，主动利用网络认真学习，通过观看诸如"微课""慕课"等视频资源不断提升自身的理论水平和教学技能，并且及时将所学的知识、技能运用到教学实践，在实践中不断强化、反思以及完善。其次，乡村教师需要勤于积累知识、善于发现问题、乐于研究教学，加强自我反思能力，塑造积极主动的态度以及勤学善思的精神。

# 第八章　在坚守中开拓创新的乡村幼教人

三十一轮春夏，在历史的长河中不为长；三十一回秋冬，在人生的旅途上不算短。平凡的她恪守"勤于学习、勇于实践、乐于进取、正于做人"的工作信条，从一线教师到幼儿园园长，从新办园到贫困园，在人生的每一个轨迹上，她都描绘出了一幅幅美丽的画卷，不忘初心，勇往直前，不停地书写教书育人的精彩篇章。

## 一、案主描述及初印象

胡玉双，女，土家族人，1973 年 11 月出生于常德市石门县三圣乡一个普通的教师家庭。父亲是一名小学老师，也是一名老校长，耳濡目染下，胡玉双从小就对教师职业很向往。初中毕业后她毅然决然地报考了中师，1992 年以优异的成绩从常德师范学校毕业，同年 7 月参加工作。走上工作岗位的胡玉双坚持继续学习与进修，2003 年 6 月取得了湖南文理学院专科文凭，2005 年 6 月获得长江大学本科文凭。毕业后的 10 年，胡玉双都在乡村小学任教；2012 年 7 月，调到新关镇中心幼儿园担任园长；2021年，调到石门县易家渡镇中心幼儿园担任园长。在乡村教育这条路上，她坚守了 31 年。

与胡园长的初次接触是在线上，当时正值疫情防控阶段，胡园长工作的幼儿园也处于关园状态，但是她并没有完全放松，一直在家里看书学习、整理材料和计划开学安排。几番沟通之后，我们敲定了见面的日期。那天，我们清早六点钟就坐上了去县城的高铁，下了高铁后，我们坐出租车沿着乡间小路前行，转过一个拐角来到了胡园长所在的易家渡镇中心幼儿园。当天下着蒙蒙细雨，只见一个身着牛仔装、扎着马尾辫的人，向我们健步走来。我们以为是一位年轻教师出来迎接，直到她走近，热情地和我们打招呼，我们才反应过来，站在面前的是年近50岁的胡园长。岁月在她脸上虽然留下了一些痕迹，但她明亮的眼睛里闪烁着青春的光彩，充满了热情与自信。我们半开玩笑地说：“要不是知道您的年龄，我还以为您是30出头的年轻教师，您能不能给我们分享一下保养秘诀呢？”园长听完哈哈大笑，开玩笑地说道：“哪有什么保养秘诀，干着自己喜欢的工作，每天看着可爱的孩子们，开开心心的，状态自然就好呀！”

入园后，我们才发现，这所幼儿园“麻雀虽小，五脏俱全”。迎面是一栋三层高的教学楼，左右两边是孩子们的娱乐场所，一眼望去仿佛是个游乐场。看到我们惊讶的表情，胡园长笑道：“不止这里呢，我们还有个秘密基地！”说着便带我们拐到了教学楼旁边的小巷，没想到这里居然还暗藏玄机，小小的巷子被改造成“户外主题区域”，有“阳光美食廊”和“好又来超市”，即便是下雨不方便户外活动时，孩子们也可以在此进行模拟烹饪、超市购物等活动，其中很多道具都是教师原创。园长特意带我们看了年轻教师们用水管、水桶、纸板搭建的一个网红打卡路牌“我在易幼很想你”。她一边扶正路牌，一边对我们说：“可惜前几天大风大雨把这个刮弯了，这可是我们的招牌建筑物呢。你们要是想拍照打卡的话，我可以帮你们扶着！”我们兴奋地一一跑去打卡，留下这美好的回忆。

胡园长带着我们走进教学楼，她说教学楼里面的每一个细节她都有亲自参与构想与制作。一楼进门的形象墙按照“春夏秋冬”四个主题设计，寓意孩子的成长要符合自然生长规律，不能拔苗助长。楼梯旁挂满了宣传栏和学生档案袋，楼道间是由园长亲自组装的学生作品展示架，每个楼道口分别设置了植物角、图书角等区域，每个班级外也设置“每月计划”“作息时间”“家园联系栏”“一日生活”等版块，有限的空间里包含了无限的内容。我们拾级而上，不仅看到了每个班级不同的特色，也看到了孩子们的成长轨迹。

## 二、园长是如何炼成的：知难而上，砥砺前行

### （一）从零开始，稳扎稳打

胡园长坐在办公室内，抬头看了眼窗外淅淅沥沥的小雨，思绪不由得回到了那年夏天，她手捧着中师生项目的申请表，内心忐忑不安却又充满希望。谁也没料到这个瘦小的女孩，多年后却肩负起一所又一所幼儿园园长的担子。

胡玉双小的时候在家里就常常会主动照顾弟弟妹妹，也是远近闻名的"孩子王"。"每当问起长大后的梦想，我总是会坚定地回答：'当老师'。那时候恰好得知县教育局正在进行扶助贫困乡镇地区、组建中师生的培养项目，我就毫不犹豫地申请了。当时名额紧俏，一届只有五个，还好我足够优秀被选中了，不然我的教师梦能不能实现都是问题。"毕业后回到家乡，胡玉双的第一份工作是去石门县闫家溶完小担任语文教师。从初上讲台的紧张手抖，到叱咤一方的教导主任，她在不断成长，也在不断地突破自己。期间她还去湖南文理学院进修大专，再到长江大学进修本科。在工作中她认真负责，用心做事，像一棵小树苗默默地汲取营养，期待着成长为参天大树。

石门县学前教育一直走在常德市前列，2012 年该县计划在每个乡镇开办一所公办幼儿园。喜欢孩子、爱唱歌跳舞的胡玉双就成了新关镇中心学校领导心目中幼儿园园长的首选，胡玉双也因此进入学前教育领域。当时新关镇中心幼儿园完全是从零开始，为了节约资金，从设计到施工，从购买材料到质量监控，都是她一手操办。"当时幼儿园还在建设中，我就边跑手续边监管工地建设，一个暑假没有休息一天。建设完毕后就要添置幼儿用品，为了让孩子们睡上安心棉，我下村收购放心棉花，找弹棉花的工匠来做。还多次和教育局学前办领导一起到常德市桥南市场，采购棉布、毛巾等日常用品，都是精挑细选，真是不容易呀！那段时间风吹日晒的，

人都黑了好几度，朋友们见面都说认不出来了。后来我们还奋战了20多天，完成了幼儿园的环境创设才顺利开园。"从百般奔走办建园手续到园区定址下第一块砖，她事事亲力亲为。从纸上构图到完成建园，一共花了一年的时间，她见证了这所幼儿园的诞生。正式开园时，隆重的剪彩仪式、热闹的鞭炮声，让她感慨万千，流下热泪。"一路走来，有艰辛、有快乐，更多的是自豪，因为我自始至终参与了一所新办园的建设，见证了一所公办园的兴起。"

为了迅速适应幼儿园的保育保教工作，胡玉双积极参加转岗培训学习和继续教育。"来到幼儿园我才发现，小学教师的工作和幼儿园教师工作是有区别的，小学教师更关注的是课堂教学以及日常的学习习惯养成，而幼儿园教师的工作不仅需要注重寓教于乐，还要注重孩子们的安全问题，孩子们如果有些磕磕碰碰，大家都会紧张到不行，久而久之就会有精神压力，进而产生职业倦怠。"她感叹道，"为了尽快适应转岗，我就从头开始学，每次培训我都会认真学习，从未迟到早退，生怕漏掉了哪个知识点。我在培训过程中发现，城市幼儿园和乡村幼儿园面临的很多现实挑战是不一样的，但是往往培训得到的知识只限于解决城市幼儿园面临的难题，对于我们这种资源有限的乡村幼儿园就不太适应了。而在培训中得不到解决的问题，就只能向老园长们讨教经验，然后自己一步一步探索和前行。"

就这样，她努力学习，踏踏实实摸索着前进。幼儿园创办初期，家长们不认可，教师们理念不一致，面对这些困难，她想尽了各种办法，起早贪黑成了常态。她带领教师团队，开展片区教研活动，和大家一起为孩子们设计、策划各种有趣的活动，加强与家长们的沟通。她说，自己很幸运的是遇到了一群踏实肯干的老师，一群通情达理的家长。开园仅一个学期，幼儿园就得到了社会的高度认可，得到了家长们的大力支持。胡园长相信，新关镇中心幼儿园一定会成为幼儿们健康成长、快乐求知的理想之家。

## （二）走马易幼，继续发光

48岁，对于很多女性来说，已经到了享受生活的年龄，胡园长却在48

岁那年，再次面临人生和职业生涯中又一次重要的选择。2021 年 7 月，她再一次服从组织安排，毅然舍弃了新关镇中心幼儿园优越的条件和舒适的环境，挑起了重建易家渡镇中心幼儿园（以下简称"易幼"）的重任。易幼原本位置偏僻、环境恶劣，应该怎样定位它的发展目标？怎样改造校园环境？这些都是她需要面对的问题。

开学之初，胡园长便组织全园教职工召开了一次思想动员大会，确立了"爱心献孩子，耐心给家长；与时代同步，树幼教典范"的园训，"用心工作、爱心育人、真诚服务、终身学习"的园风，"厚德、爱幼、平等、支持"的教风以及"动手、动脑、合作、创新"的学风，并确定了"半年达县示范，两年达市示范，三至五年跻身省级示范行列"的"三步走"发展目标。这次会议目标明确、任务具体，为教职工描绘了新蓝图，开启了新梦想，唤起了凝聚力，大大激发了全体教职工的工作热情，坚定了大家全力以赴、共建美好易幼的信心。

解决完思想问题，胡园长又开始着力解决环境问题。回忆自己初来易幼时，满地杂草丛生，大门满身锈蚀，门上还有一个铰链松松垮垮地挂在那里。教室环境更是一言难尽，墙上满是裂痕和凹陷，到处都是脱落的油漆，下雨的时候屋顶还会漏水，得用盆接着，上课上到一半就得将水倒掉重新接。幼儿园的多媒体设施也不知道是哪个年代的产品，还时常出现故障，这与自己曾一手创办的新关镇中心幼儿园相比，各方面简直是云泥之别。"刚来的时候，的确是很不适应的，但是人要学会主动去适应环境，所以我就开始动手改善校园环境，因为我觉得有优质的工作环境，才会有工作动力！"面对重重困难，她没有气馁，四处奔波，跑企业、找领导，最终筹集到了十多万元的资金，为幼儿园的后续建设提供了资金保障。她一步一步完善幼儿园的学习、生活设施，添置了全新的多媒体设备，软化了活动场地，铺上了防止幼儿摔伤的泡沫地垫，美化了院落，还和小朋友们一起进行环境创设，种植了许多蔬菜和花朵儿。她带领教职工们一起开辟了各种功能区，改造了厨房，购置了满足幼儿游戏的大中型玩具等，使幼儿园办园条件从全县公办中心幼儿园最差的一所跃升到中上等水平。仅仅 16 个月，她带领全体教师不畏艰辛、迎难而上，以高标准通过县级示范园验收，被评为县公办园年度办园水平评估优秀单位，创造了石门县学前教育的发展奇迹。如今的易家渡镇中心幼儿园环境优美，已成为石门县一道亮丽的风景。

### （三）日复一日，坚守幼教

易家渡镇中心幼儿园在当地是一所优质的公办幼儿园，共开设 6 个班级，其中大班 1 个，中班 2 个，小班 3 个，三层高的教学楼容纳了 233 名幼儿。据胡园长介绍，每逢入园报名的时候，都有好多家长通过朋友、邻居、亲戚的口口相传，慕名将孩子送来，甚至还有不少住在城里的家长也会舍近求远想将孩子送到他们幼儿园。但是本着对孩子负责任的态度，胡园长会严格控制入园孩子人数。在参观幼儿园时，我们也注意到一个细节，孩子们看见园长都会特别开心，甜甜地喊着："园长妈妈好""园长奶奶好"。每当这时，胡园长总是面带笑容，一一回应。她能清清楚楚地记得每一个孩子的名字和性格，会蹲下来询问调皮的轩轩，"今天有没有乖乖听老师的话"；会摸摸乐乐的头，夸平常爱挑食的她"今天把饭菜全吃完了，没有浪费粮食真不错"。胡园长说："这些孩子不单单是幼儿园的学生，在我心里，一直都把她们当作自己的亲生孩子来爱护；同样他们也特别爱我，有的小朋友自己都舍不得吃的零食，会偷偷藏在袋子里，早上来学校的时候塞到我的手里，那个时候就是我职业生涯中最幸福的时刻。"

胡园长的办公室摆满了各种各样的奖杯和奖牌，其中有一个十分精致，是由湖南省教育基金会、湖南省教育学会、长沙善行社会工作服务中心联合颁发的湖南省"最美乡村幼儿园园长"的奖杯。谈及这项荣誉，胡园长有点不好意思地摸了一下自己的头发说道："能获得这个荣誉称号真的很幸运，整个常德市只有我一人。"对于"最美"二字的理解，胡园长说："其实每个乡村幼儿教师都是最美的存在，她们默默坚守在乡村教育领域，培育着一颗颗幼苗，都是捧着一颗心来，不带半根草去。而我只是众多美丽幼儿教师中最普通的一员，是坚守乡村幼教领域的一个代表而已。"她说她在乡村教育领域坚守了 31 年，在乡村幼教领域坚守了 11 年。这么些年，她有过犹豫，有过迷茫，经历过母亲让她离开幼儿园的劝说和丈夫为她提供其他工作岗位的机会，也面对过一些诱惑，但她都一一拒绝了，还是数年如一日坚守着自己的初心，毫不动摇，也因此在 2015 年获得了常德市首届"乡村红烛奖"。或许这份坚守和初心，就是"最美"二字的最好诠释吧。

## 故事 1　父亲手中泛黄的账本

小时候，胡玉双曾无数次在夜里看到父亲于昏暗的灯光下，拿着笔在一个本子上一笔一划地写着什么，神情格外严肃、认真。当时的她以为那只是一个普通的日记本，却不想多年后，当她产生放弃在乡村教书的念头时，父亲颤颤巍巍地拿出了那个早已发黄的本子，她才知道那是一个账本，也由此知道了账本背后的故事。

20 世纪七八十年代，担任村小校长的父亲，最愁的就是开学收学费。当时还没有实行九年制义务教育，很多经济困难的农村家庭因为交不起学费，索性就让孩子辍学在家务农。面对一双双渴求知识的眼睛，父亲不忍心放弃任何一个孩子，于是在当时每月工资才 5 元的情况下，每期都会为学生垫付学费，虽然账本上记录着学生欠费的情况，但他从未向学生家长讨过账。直到现在账本早已泛黄，里面的内容还是一成不变。父亲常将那个泛黄的账本拿出来翻翻，并对她说："这是我们那辈教书人清贫奉献的见证。" 2017 年，父亲患上了阿尔茨海默综合征，有时候连自己是否吃饭洗澡都记不清，出了门也找不到回家的路，但令她感到震惊的是，父亲对教书生涯的点点滴滴都记忆犹新，说起来眉飞色舞，那种幸福感和自豪感令人羡慕。胡玉双常常自问："难道这就是我父亲一生的情怀？"她内心伤感又心疼，但更多的却是骄傲与自豪。也正因为父亲的激励，她才坚定了自己的信念，扎根乡村教育，一教便是 31 年。

我们有一次实地调研，正巧赶上了幼儿园的放学时间。有个小男孩龙龙的母亲因为要接读小学的大儿子，一时之间分身乏术，只能委托胡园长帮忙送孩子回家。胡园长一句怨言也没有，立马就答应了。她牵着龙龙的小手，走在乡间道路上，夕阳的余晖洒在他们的肩膀上。望着他们逐渐远去的背影，我们突然发现不起眼的"乡村幼教事业"，其实是一种"传承"，传承的是一种文化，传承的是人与人之间的情感，传承的是即将消失的村落文明。孩子们像小树苗一样，在教师们的悉心呵护下茁壮成长，他们所养成的习惯、所学到的知识、所掌握的技能，都会在未来的日子里熠熠生辉，影响他们未来的生活和命运。乡村学前教育是一条很漫长的路，它不会因为某个人或者某件事而改变，但是只要大家坚定信念，秉持初心，勇往向前，就一定能走向美好的未来。

## 三、治园经验：用心用情用智，共教共研共进

### （一）双向奔赴，共建和谐教师团队

作为幼儿园的一园之长，胡玉双视教职工为亲人，想其所想，忧其所忧，为幼儿园教师们的工作生活和专业成长操碎了心。

在刚接手易家渡镇中心幼儿园时，她发现园内许多教师有职业倦怠问题，于是主动与教师们沟通交流，发现幼儿园存在一些不太合理的规定，例如每天的业务笔记与政治笔记就占用了教师们很多时间，有的教师甚至需要加班到晚上 12 点才能休息。

胡园长了解情况后，逐步进行了改革。首先是精简教师撰写业务笔记和政治笔记的任务，减少数量，提升质量。胡园长提出教师们应该通过日常业务主动学习，将有价值的工作感悟和经验记录下来。其次是在降低工作量的同时，利用周末组织教师们开展一些团建活动，使教师之间的关系更和谐。还有就是多关心教师的日常生活，在她们遇到困难时，及时加以解决。胡园长经常与教师们谈心，帮助他们调节不良情绪，有些年轻的教师甚至亲切称呼胡园长为园长妈妈，说尽管每天工作很累，但因为园长母亲般的关怀、同事间亲人般的照顾，让他们都有了家的感觉，愿意在这个岗位上默默坚守。胡园长的用心用情很让教师们感动，他们也给予了胡园长正向的反馈。

### 故事 2　国旗下的生日歌

2021 年 11 月一个普通但也不普通的工作日，胡玉双随着升旗仪式的铃声来到了操场，一群群活泼可爱的孩子们早已排着整齐的队伍站在操场上，在她经过时仰起头甜甜地叫着："胡妈妈好！""胡奶奶早上好！"胡玉双一一地回应着，初升的阳光就像这些问候一样暖烘烘地照在身上，也融入了心里。伴随着义勇军进行曲，鲜艳的五星红旗徐徐升起，她如同往常一样站立在自己的位置上，望着国旗目光坚定。她的思绪回到了初进易幼的时候，当初杂草丛生的操场，如今变得干净整洁，还新修了这个升旗台，让她感慨万千。

鲜艳的五星红旗在蔚蓝的天空中飘扬，升旗仪式结束了，胡玉双收回自己的目光，正打算转身回办公室，继续完成刚刚写到一半的工作日志时，却听到了一阵欢快的歌声："祝你生日快乐，祝你生日快乐，祝你幸福祝你健康，祝你前途光明……"刚刚放《义勇军进行曲》的音响突然开始放起了《生日快乐》歌，刚刚还在台上主持升旗仪式的老师，手中的话筒不知道什么时候变成了一个精致的生日蛋糕，孩子们的手中也出人意料地变出了花朵。园长还没回过神，就被老师们簇拥着到了台上，戴生日帽、点蜡烛、许愿、切蛋糕一气呵成，原来今天是她的生日，自己早就忘了，但是教师们记得，孩子们记得，易幼的每个人都帮她记着这个特殊的日子。顿时，泪水盈满了她的眼眶，望着台下开心唱着生日歌的孩子们，看着身旁叽叽喳喳分蛋糕的教师们，幸福感油然而生，之前的辛苦也变得不值一提。她暗下决心，自己要更加努力、更加用心，要将易幼打造得更加出色，不辜负这些可爱的孩子和教师们。孟子说过："爱人者，人恒爱之；敬人者，人恒敬之。"爱，是双向的，有付出就会有回报。

### （二）推陈出新，引领保育教育

#### 1. 一园一特色，学前教育从"有"到"优"

近 10 年来，学前教育越来越受到国家的重视。也正是在这 10 年里，石门县着力构建"广覆盖、保基本、有质量"的学前教育公共服务体系，从"幼有所育"到"幼有优育"的美好愿景正在变为现实。胡园长自豪地向我们介绍道："我们石门县的幼儿园教育可以说是走在常德市前列的，为办好学前教育，解决建设用地难题，当年新关镇关闭了多年的电影院，无偿划拨建幼儿园。"还有如今像童话城堡般的雁池乡中心幼儿园，想当年，该园一直没有独立园舍，幼儿活动只能"挤"在中心完小的三间旧教室里，后来在县乡两级政府统筹下，该园才于2017年征地13亩迁址新建。如今，园所设计新潮、功能齐全，环境美、儿童化浑然一体，新建园舍拔地而起，学前教育破茧化蝶。"每次送孩子放学时，总有家长感谢我，说娃在家门口就能上跟城里一样好的幼儿园，他们真是开心又放心。"这10年来，石门县累计投入1.78亿元，新建公办幼儿园26所，新增学位5000个。永兴街道中心幼儿园建成后将圆满实现公办中心幼儿园乡镇全覆盖。

园舍条件改善后，办园质量成了大家最关心的问题。于是在教育局学前办的组织与领导下，石门县各幼儿园在内涵发展上推陈出新，着力将课程游戏化、生活化、园本化，形成了"一园一特色"。提起自家幼儿园的特色，胡园长特意带我们参观了每间教室，故作神秘地问我们有没有发现什么不同。我们左思右想都没想到其中的奥秘，直到胡园长拿出了一个篮球，我们才反应过来。原来，每间教室的门口都有一个篮球收纳箱，里面堆满了篮球。园长拍了拍手里的篮球说："这就是我们园的特色——篮球操，每到课间操的时间，我们就会组织孩子们去操场上拍篮球，好多小朋友放学以后都舍不得自己的篮球，非要把它抱回家呢。"除此之外，园长还会在每一学期制定小班、中班、大班的社会实践活动计划，例如去养老院献爱心、警幼零距离接触、参观书店活动等。提及印象最深的一次活动，胡园长给我们介绍了她们园独有的大班毕业典礼——永夜晚会。

### 故事 3　永夜晚会

又到了一年一度的毕业季，胡玉双看着日历上逐渐临近的日期，不禁开始回想，这应该是她送走的第八届学生了吧。从初入园时的吵闹不安，到毕业时的不舍，种种生活场景突然间就在脑海中开始回放，她不禁有些感伤。可是她也明白，雏鹰不应该被束缚了翅膀，它们终要成为雄鹰，翱翔于九天之上。于是她收回自己的不舍，走出办公室，和同事一起为这一届大班小朋友的"永夜晚会"做准备。

傍晚6点，主持人带领大家倒计时，毕业典礼正式拉开帷幕。本次毕业典礼分为温馨瞬间、毕业典礼、永夜晚会三个篇章。第一篇章"温馨瞬间"，老师和小朋友们一起观看幼儿园孩子们欢乐瞬间的VCR：有的小朋友初入园时害羞胆小，躲在角落里不肯出来，后来成为游戏中表现最勇敢的人；有的小朋友初入园时舍不得家长，揪住奶奶的头发哭得撕心裂肺，后来却成为最不想离开幼儿园的小朋友之一；还有的小朋友初入园时调皮捣蛋，第一天就打遍天下无敌手，后来在老师们的细心教导下，在同学们的互相体谅中，改变自己，不再打架闹事，期末获得了最多的小红花。看着这些孩子的成长，胡玉双内心虽有不舍，但更多的还是骄傲。在这一刻，她进一步领会了教育的本质："一棵树摇动另一棵树，一朵云推动另一朵云，一个灵魂唤醒另一个灵魂。"第二篇章"毕业典礼"中，有各班准备的歌曲、舞蹈等表演节目，以及园长致辞环节。胡园长说："有人说，世界上只有一种爱是为了分离，那就是父母的爱，但是今天我也想说，世界上还有第二种爱也是为了分离，那就是老师对你们的爱！虽然不舍，但你们已然长大，过了今晚，你们的幼年生活就要告一段落，走向人生新的阶段。我希望你们扬帆起航，劈波斩浪，勇敢地驶向未来！"

夜幕降临，当满天繁星悬挂在天空中时，第三篇章"永夜晚会"也开始了。大家在操场上看星空，围在一起玩游戏，躲躲藏藏好不热闹，欢声笑语遍布整个幼儿园，暂时搁置了分别的伤感。直到万物寂静，小朋友们一个接一个打哈欠时，大家才依依不舍地回到自己午睡的床上，听着老师们对他们的最后一次嘱托。这是孩子们第一次在晚上离开家人，与同学、老师们在幼儿园过夜。有的小朋友兴奋得不肯睡觉，有的小朋友舍不得老师，在被窝里偷偷哭泣。胡玉双一个班一个班地巡视，耐心地安慰、哄着小朋友们入睡，这一忙下来已是深夜，于是她便随意在班级中寻了一个位置和小朋友们一起安然入睡，梦中全是那些熟悉的可爱脸庞，甜甜地喊着"园长妈妈好！"鲜花朵朵，绽放在动人的夜晚；星光闪烁，照耀着略带稚嫩的笑脸。正是这个奇妙的夜晚教会了孩子们分离与成长，给他们的童年留下了难忘的美好回忆！

### 2. 以工作室为抓手，提升教研水平

2012年，教育部发布了《3～6岁儿童学习与发展指南》，从健康、语言、社会、科学、艺术五个领域描述幼儿的学习与发展。为提高石门县幼儿园整体的教育教学质量，县教育局学前办决定以骨干园为主园，组建相应的五大领域工作室。"当时石门县教育局学前办的杨主任特意把我喊到了他的办公室和我交流了这个想法，并委任我所在的易家渡镇中心幼儿园为社会领域工作室的主要负责园所，负责组织线上培训、线下观摩等活动环节，并在园所管理、活动组织等方面进行交流研讨，就这样我们开始进行幼儿园工作室的建立和探索。好巧不巧，就在昨天，我们还举办了石门县学前教育社会领域工作室2023年集体教学研究活动呢！可惜你们没赶上。"据胡园长介绍，本次活动内容包括制定石门县学前教育社会领域工作室2023年度活动方案，组织石门县易家渡镇中心幼儿园2023年"交流学习促提升、专家引领促成长"社会领域工作室活动、社会领域教学活动观摩等。

社会领域工作室以易家渡镇中心幼儿园为主园，太平镇中心幼儿园、磨市镇中心幼儿园、三圣乡中心幼儿园共同参与。每所幼儿园虽然都是针对社会领域开展活动，但是每个园所都有自己的特色，根据特色各自开展原生态课程，再到教学中去实践，最后在反思总结中提高自身的能力。例如易家渡镇中心幼儿园主要是以社会领域的教学研究为主，主要措施包括：集中学习政策、加强专业理论指导；丰富活动内容，提升幼师综合素质；创设主题区域，给予幼儿游戏空间。太平镇中心幼儿园则以户外活动为主，以"安吉游戏"为切入点，开展分年龄阶段户外自主游戏，活动内容包括"沙地餐厅""与'泥'相遇""大型涂鸦"等。磨市镇中心幼儿园以传统文化教育特色活动为主，内容包括琴棋书画的初识、传统节日的探索、传统故事的表演、民间游戏的实践和传统技艺的体会等。三圣乡中心幼儿园以社会领域区域活动研究为主，通过"以赛促教"，进行教师社

会领域优质课竞赛活动，以及开展区域游戏活动来提高幼儿的社会交往能力。各工作室每年度会根据每个幼儿园详细的工作方案安排开展四次活动，内容包括讲座、示范课、经验交流等，在互帮互助的同时还会针对性地开展以原生态社会领域的课程为主的课程开发、论文选题和课题研究。听完这些介绍，我们不禁感叹工作室规模之大、运行之系统化、目标之清晰、方案之细致，石门县学前教育领域处于全市领先地位，也不无缘由。

### 3. 多方助力，推动本地化课题研究

幼儿园课题研究一直是幼教领域的热点话题，借助课题研究，幼儿园能够解决教育实践中的问题，提升教育质量。有些幼儿园通过课题研究体会到了教育科研的魅力；也有些幼儿园虽然开展了课题研究，但由于缺乏对课题研究的正确认识和实践经验，走了很多弯路；还有些幼儿园虽然认识到课题研究的重要性，但存在畏难情绪。

聊到这个话题，胡园长说："首先作为实践层面的幼儿园教育科研，最重要的是在实践中寻找问题，要从问题中引发值得关注和研究的选题。其次在申报课题时，应该对相关问题进行梳理，从中找到关键问题作为课题研究的切入点。在课题研究的不同阶段，要以解决当下问题为目标，不能一直只使用文献法、观察法等。"胡园长向我们展示了她主持省教育科学规划课题"民间游戏引入幼儿园教育的研究"的结题证书，课题结题等级为"优秀"。她向我们介绍，从课题申报到结题一共历时三个年头，这背后包含了一个乡镇园所太多的艰辛和付出，但是好在有家长、政府的支持和帮助，得以顺利结题。

### 故事4　翻山越岭的"高跷"和"竹蜻蜓"

"怎么办？这竹子找不到，活动也没办法开展呀。""是呀，马上要到课题收尾阶段了，没想遇到这个大难题。""这可该如何是好呀？园长。"胡园长办公室里，教师们叽叽喳喳地议论着，很是焦急。他们的课题已经进入结题阶段了，活动的材料却没办法解决，大家急得团团转。

2020年，胡玉双就带领幼儿园全体教师申报了省教育科学规划课题"民间游戏引入幼儿园教育的研究"。因为是以民间游戏为内容的课题研

究，所以很多游戏材料都需要纯手工自制。比如这次开展的是以"踩高跷"和"竹蜻蜓"游戏环节为主的亲子活动，"踩高跷"必须有足够粗的竹子作为支撑，才能确保游戏活动的安全性；而"竹蜻蜓"则需要非常细、足够轻的竹子，才能确保飞起来。一粗一细两种材料的收集就让胡园长暗自发愁，这对于一所资源有限的乡村幼儿园来说确实是有些困难。就在大家一筹莫展的时候，有一个教师突发奇想地提出："要不我们去动员家长们，看看有没有竹林可以借用一下？""是个好主意，可是家长们会不会不乐意呀，又不比乡间野竹林。""试一试吧，万一有好心的家长呢？"大家开始七嘴八舌地议论起来。"还是先散会吧，材料的事我再想想办法。"胡园长嘴上虽然这么说，可是她心里也知道，要么换活动，要么找材料，但是其他民间游戏的材料只会更难制作，事情似乎陷入了僵局。

胡园长本以为这个活动难以进行下去，已经在构思其他活动方案时，事情却发生了转机。一周后的一个烈日炎炎的早晨，胡园长像往常一样站在园门口迎接小朋友，只听一声惊呼："园长，你快来，童童（化名）的爷爷背来了一捆又一捆的'高跷'和'竹蜻蜓'。"胡园长赶忙跑上前去，只见远处有一位年近70岁的老人，佝偻着腰，颤颤巍巍地背着几捆"高跷"朝着幼儿园走来。她连忙上去帮忙，接过老人背上的"高跷"，因为低估了其重量差点没接稳。等到平安将老人与材料安置后，胡园长边递水边问道："童童爷爷，你是怎么知道我们需要高跷和竹蜻蜓的呢？""这不是上次接孙子的时候，听到你们在讨论竹子的问题，又问过老师才知道，你们急需什么高跷和竹蜻蜓搞活动。俺一想，俺家后山那儿不就有很大一片竹林吗？难道还找不出能制作高跷和竹蜻蜓的竹子了？于是俺就回家砍了几棵竹子，做成高跷和竹蜻蜓给你们送过来了！""可是我记得你们家在新关镇三江村，过来估计都得翻两座山呢，你是怎么运过来的？""俺放摩托车后面，摩托车过不去的地方，俺就背着过来，不远不远咧！我知道你们都是为了娃在幼儿园的活动需要，俺不懂什么课题呀研究呀，但是你们平常对幼儿园的孩子、对俺孙子的好，俺都看在眼里，记在心里呢！这点小事就当是俺对你们的感谢啦！"看着手里精心制作、打磨光滑的高跷和竹蜻蜓，胡园长内心无限感慨，泪水也盈满了眼眶。乡亲们的朴实热情她早有体会，但一个年迈的老人为了支持幼儿教育事业，精心制作活动材料，并且跋山涉水送过来，让她尤为感动。她一直都知道在乡村开展课题研究多多少少会遇到资源的困境，可能还会遇到众多不理解与不支持，然而她觉得自己此刻是无比的幸运，遇到了这么一群真挚又坚定支持她的家长与教师们，他们是她最坚强的后盾、最可靠的伙伴！经历这件事后，胡园长更加坚定了耕耘乡村幼教事业的决心。她说："我要感谢这群善良的乡亲们，因为有他们支持着幼儿教育，我们的工作、研究才能顺利进行。"

# 四、现实困境与诉求探寻

## （一）生源问题堪忧

湖南省教育厅发布的"2021年全省教育事业发展概况"中的统计数据表明，2021年全省共有幼儿园16312所，比上年增加27所。在园人数229.39万人，比上年减少1.99万人，减少0.86%。其中公办幼儿园在园123.39万人，占在园总人数的53.79%；普惠性幼儿园在园人数203.29万人，占在园总人数的88.62%。园平均规模为140.63人，比上年减少1.46人。幼儿园有园长和专任教师共14.65万人，比上年增加0.87万人，增长6.30%。由此我们可以清楚地看到，幼儿园在园人数明显减少，园长和专任教师的数量略有上升。石门县也面临同样的情况。胡园长提及，石门县的幼儿出生人数从上万到8000到6000，逐年递减，2024年预计幼儿出生人数不到3000。所以，一想到来年的入园率，胡园长就发愁。好在她天性乐观，她说："出生率低导致入园率低的情况，我们没法改变，但是我们能保证的是留园率，让每个孩子来到我的幼儿园就不舍得换地方，让每个孩子的家长能够放心、安心、舒心，这就是我能做的最大的努力。"

### （二）"两教一保"难配齐

幼师是影响学前教育发展和质量提高的关键性因素，是保障幼儿园保教质量的重要基础。谈及高校毕业季，各地幼儿园将开展的新一轮幼师招聘工作时，胡园长道出了自己所在地的困境：目前自己园所的专任教师都是 2016 年办园时通过当地教育局公开招聘的，有的是大专学历，有的是中师学历，学历层次参差不齐，如果将用人标准提高到具备相关专业大专及以上学历的话，对于乡村幼儿园来说就更难招到人才了。"去年幼儿园来了 5 个实习生，其中 2 个想继续深造，3 个实习结束后不太适应幼儿园环境，最后都走了。"尽管头顶县级示范园的光环，但想要留住心仪的人才，对胡玉双来说也并非易事。"现在我们幼儿园一共 6 个班，在编幼师 6 人，保育员 10 人，外加退役军人门卫 1 人，还达不到'两教一保'的要求。虽然专任教师稳定，但是保育员却难找。在乡镇幼儿园，保育老师往往是因为自己的孩子在园或者在小学就读，宝妈们为了陪伴孩子，就找一份和孩子学习时间相匹配的工作。"所以乡镇幼儿园经常面临因孩子升学问题等各种原因而辞职的保育教师。保育教师的流动性大，也导致很多乡镇幼儿园会减少对保育教师的培养投入。面对教师人员配备不足的情况，胡园长只能将本园设置成大班"两教一保"，中班和小班"一教两保"的配置。面对乡村幼师"招不来、下不去、留不住"的困局，胡园长也想了很多法子：一方面是聘请有资质的、热爱幼儿教育事业、肯吃苦并能够胜任日常教学活动的保育员；另一方面是加强年轻保育教师的培养，例如当值班老师在上课时，让保育员老师去旁听，学习具体的实践教学经验，并给予其走上讲台的机会，帮助保育员老师尽快拿到幼儿教师资格证等。

### （三）职业认同感缺失

对比城市幼师，农村幼师的培训资源相对较少，专业发展与提升机会较缺乏。与胡园长交流中我们也得知，目前乡村幼儿教师有很大的工作压力，教师与教师之间的合作与交流较少，大部分教师对教研不重视，她们参与教研只是形式上遵循学校的安排而已。此外教师们的专业水平与能力参差不齐，大部分教师的专业知识和理论水平不足，教育教学能力和自我反思能力还有待加强，因此在乡村园同伴学习的机会较少。"比如在我刚接手易家渡镇中心幼儿园时，教师的基础能力都让我头疼，于是我给她们定的第一条规矩就是把字练好，无论是粉笔字还是钢笔字。我觉得将字写好是教师必备的技能。"另一方面，根据《中华人民共和国义务教育法》，义务教育是根据法律规定，适龄儿童和青少年都必须接受，国家、社会、家庭必须予以保证的国民教育。而我国学前教育目前尚不属于义务教育，幼师队伍受重视的程度也远不如义务教育阶段的教师。由此连带出一系列问题：乡村幼师编制少之又少，工资关系没有保障，职称评定没有着落，待遇福利低。胡园长也跟我们抱怨道："现在幼儿园评职称很难，都是幼儿园和小学一起评定，而我们幼儿园教师很难拿出优秀的材料，所以比不过小学教师们。"当前乡村幼师参加教学比赛等各方面机会都比小学教师少，认同感缺乏，工作积极性受挫等问题亟待解决。

## 五、我的思考：乡村幼师专业发展提升路径

党的二十大提出，"要加快建设农业强国，扎实推动乡村产业、人才、文化、生态、组织振兴"，并进一步强调了"教育是国之大计、党之大计""教育、科技、人才是全面建设社会主义现代化国家的基础性、战略性支撑"。2018 年 11 月 7 日，中共中央国务院《关于学前教育深化改革规范发展的若干意见》（以下简称国务院《意见》）指出："要结合实施乡村振兴战略，大力发展农村学前教育，提高幼儿园保教质量，为幼儿提供更加充裕、更加普惠、更加优质的学前教育。"提高乡村幼儿园的保教质量，最重要的就是提高乡村幼儿师资专业水平，让农村幼儿与城市幼儿同样能够接受有质量的学前教育，实现幼有所育、幼有优育，这既是广大农民群众的愿望，也是乡村振兴战略建设美丽乡村的应有之义。

### (一) 加强乡村幼师队伍培训

《国家中长期教育改革和发展规划纲要（2010—2020 年)》充分强调和肯定了教师对幼儿的引导作用，也对幼儿教师的素质提出了更高的要求。要想保证幼儿教师的稳妥发展与前进，发挥出奠基人才培养的基石作用，就要加大师资队伍建设，对现阶段幼教师资队伍进行客观分析，推动幼儿教育不断向前发展。

首先要提高幼儿园管理者的整体素质。第一，应该做好园长培训需求调研，可以通过问卷调查等形式，深入了解园长们对于培训内容、培训形式等要素的需求，结合调研结果对症下药，根据培训需求的重要性与紧迫性设计和规划培训工作，确定具体工作项目，切实帮助乡村幼儿园园长解决日常工作中的困惑，提高工作能力。第二，要给园长们提供适量、及时、高质量的培训机会。乡村幼儿园在发展过程中经常面临教职工严重短缺、园长年轻化的情况，很多乡村园长和胡园长一样，由中小学转岗至幼儿园，或是从其他幼儿园调岗入职，这一部分"新手"园长群体，急需通过培训来充实知识体系、提高管理能力和解决现实困境，因此培训单位要及时满足其培训需求，避免大量的"专家讲座"培训形式，应因地制宜，针对乡村幼儿园的特点提供一些课程开发与幼儿园发展管理的针对性培训。

其次是通过培训促进乡村幼教师资队伍质量的总体提升。教师自身素质的提升主要是通过职前教育与在职培训两个途径实现的。一方面可以建立以骨干幼儿教师为核心的培训网。[①] 广泛利用当地资源、发展乡村幼教师资培训，建立以县/市、乡/镇中心园为资源中心的骨干幼儿教师培训网，以网带面，以面带点，共同促进当地幼儿教师的成长与发展。另一方面要为教师们提供成长阶段性差异与区域差异的培训课程。对于乡村幼师的培训要避免和城市幼师的培训混为一谈，要有计划、有步骤地安排各种

---

① 袁倩. 农村幼教师资队伍建设中存在的问题及对策 [J]. 中国成人教育，2012（14）：44－46.

项目、各种形式的专业培训，既要有短期安排也要有长期打算，既要有理论传授也要有实践验证，既要有重点提高也要有全面普及，采用"走出去""请进来"的方式多交流、多沟通，特别是要针对乡村幼儿教师专业素质特别薄弱的环节进行重点培训提高。① 同时家长、社会、政府机构也要共同参与到师资队伍的建设当中，为幼教师资队伍的建设规划做出努力，保障幼儿教师的合法利益，促进幼儿教育健康发展。

## （二）推动乡村幼儿园教研常态化

众所周知，学前教育是我国教育体系中的薄弱环节，而乡村是"薄弱中的薄弱"。乡村学前教育之所以薄弱，主要还是教师专业水平不高。乡村幼师经常面临着"没有专业教研人员指导，老师理论匮乏，活动效果不好""不知道怎样将在城市学的理念用到农村"等困惑。支持力量薄弱，教育理念"水土不服"是目前大多数乡村幼师面临的问题。

乡村幼师专业基础薄弱，学历层次低，且流动性大，仅靠培训提升其专业素养还远远不够，必须要加强日常教研，通过建立合理有效的教研制度提高农村幼师的专业素质。首先，要充分发挥乡镇中心幼儿园的"领头羊"效应。2012 年颁布的《幼儿园教师专业标准》指出，城市教师逐渐具备了研究和实践的能力，园本教研成为教师改进实践和专业提高的重要方式，研训一体化的形态也成为教研的主要形式。然而，村级幼儿园一般规模小，教师数量少，相对而言教师素质偏低，转岗教师多，基本无法开展有效的园本研修活动。乡镇中心幼儿园是村级幼儿园教师最可靠、最有力的园本研修合作和指导力量，应创新教研方式和培训方式，乡村融合，统筹开展灵活多样的研训一体化的教研活动。② 胡园长所在石门县就是以工作室为引领，发挥了乡镇中心幼儿园"领头羊"作用，带动了区域幼教教师专业水平成长，提高了区域幼儿园整体的教育教学质量。其次，教研活动要本土化和常态化。面对得天独厚的土地资源以及人文风情，乡村幼

---

① 陈娟. 加强农村幼教师资队伍的后续培养 [J]. 继续教育研究, 2013 (12): 22 - 24.
② 刘占兰. 乡镇中心幼儿园的作用与农村幼儿园教师的专业发展 [J]. 中国教师, 2020 (8): 84 - 87.

儿园教研活动不能一味追求城市的标准化与制度化，要结合当地特色开展教研活动。胡园长所在社会领域工作室中各园所开设的原生态课程给我们带来启示，乡村幼儿园可以结合乡村的风土人情开展户外活动、进行幼儿的一日生活安排、享受田园风光与进行种植活动等，因地制宜开展符合儿童身心发展规律和特点的活动，利用好乡村独有的资源，与城市的幼儿教育区分开来，打造独属于乡村教育的新气象。再次，要构建以县政府主导、县教育部门主管、乡镇中心幼儿园为核心的学前教育乡村一体化管理模式，建设县域教师培训工作室，"师徒结对"，互帮互助，充分发挥乡镇中心园的示范、引领和辐射作用，将乡镇中心园作为乡村幼儿园的培训、教研、管理和指导中心，对区域内村办园和民办园进行统一管理、培训和指导，从而促进县域内乡村学前教育保教质量的提高。

### （三）帮助乡村转岗幼师顺利过渡

随着中小学"撤点并校"布局调整，中小学的富余教师转岗到幼儿园的情形逐渐增加，在乡村学前教育师资得到补充的同时，也带来了转岗教师专业知识与技能面临挑战、职业认同感低等问题。胡园长就是转岗教师的典型例子。转岗教师本人应发挥主观能动性，园所和教育主管部门也应共同发力，帮助他们尽快适应，在新的领域发光发热。

首先，转岗教师要发挥主观能动性。对于转岗教师而言，幼儿园教师的工作完全是一个新的领域，不同年龄阶段的孩子，不同的教学方法，不同的工作重心，这些都是需要适应的地方。因此，新教师在面对新的工作领域时，要调整好自己的心态，努力学习，主动适应新环境，放下心理负担去接受这份新职业。更重要的是积极向前辈们请教，提前做好每日功课，及时做好工作复盘小结，努力在工作中提升自我。

其次，幼儿园要帮助转岗教师平稳过渡。包括同事间的相互鼓励与团结，园长的贴心关照，安排"以老带新"予以适当的引导，以及及时满足教师们的学习需求，在能力范围之内，进行入岗培训，帮助转岗教师尽快适应新环境。

最后，教育主管部门应当对转岗教师群体进行相应的培训，在入岗前帮助教师了解幼儿教育的工作要领，增强转岗教师适应新领域的自信心。在入岗后及时安排幼儿教师进行专业培训，满足其学习发展需求，帮助他们做好职业规划，使其在今后的工作中更加积极努力。

**【政策回顾】**

（四）提高幼儿园师资培养培训质量。鼓励各地结合实际加大农村和欠发达地区幼儿园教师培养力度。深化学前教育专业改革，完善培养方案，强化学前儿童发展和教育专业基础，注重培养学生观察了解儿童、支持儿童发展的实践能力。在高等学校学前教育专业增加特殊教育专业课程，提高师范生的融合教育能力。各地制定幼儿园教师和教研员培训规划，加大培训力度，实施全员培训，突出实践导向，提高培训实效。鼓励高校、教科研机构和优质幼儿园结对帮扶基层、边远和欠发达地区幼儿园。

（十）推动学前教育教研改革。坚持教研为幼儿园教育实践服务，为教师专业发展服务，为教育管理决策服务。加强学前教育教研工作，遴选优秀园长和教师充实教研岗位，每个区县至少配备一名学前教育专职教研员，形成一支专兼结合的高素质专业化学前教研队伍。完善教研指导责任区、区域教研和园本教研制度，实现各类幼儿园教研指导全覆盖。教研人员要深入幼儿园保教实践，了解教师专业成长需求，分类制定教研计划，确定教研内容，及时研究解决教师保教实践中的困惑和问题。充分发挥城镇优质幼儿园和乡镇中心幼儿园的辐射指导作用，推动区域保教质量整体提升。

——教育部等九部门《关于"十四五"学前教育发展提升行动计划》（2021 年 12 月 14 日）

（十五）完善教师培养体系。办好一批幼儿师范专科学校和若干所幼儿师范学院，支持师范院校设立并办好学前教育专业。中等职业学校相关专业重点培养保育员。根据基本普及学前教育目标，制定学前教育专业培养规划，扩大本专科层次培养规模及学前教育专业公费师范生招生规模。前移培养起点，大力培养初中毕业起点的五年制专科学历的幼儿园教师。

引导学前教育专业毕业生从事幼教工作，鼓励师范院校在校生辅修或转入学前教育专业，扩大有质量教师供给。创新培养模式，优化培养课程体系，突出保教融合，健全学前教育法规及规章制度，加强儿童发展、幼儿园保育教育实践类课程建设，提高培养专业化水平。2018年启动师范院校学前教育专业国家认证工作，建立培养质量保障制度。

（十六）健全教师培训制度。出台幼儿园教师培训课程指导标准，实行幼儿园园长、教师定期培训和全员轮训制度。研究制定全国幼儿园教师培训工作方案，用两年半左右时间，通过国家、省、县三级培训网络，大规模培训幼儿园园长、教师，重点加强师德师风全员培训、非学前教育专业教师全员补偿培训和未成年人保护方面的法律培训等。创新培训模式，支持师范院校与优质幼儿园协同建立培训基地，强化专业学习与跟岗实践相结合，增强培训针对性和实效性，切实提高教师专业水平和科学保教能力。

——中共中央国务院《关于学前教育深化改革规范发展的若干意见》（2018年11月7日）

（六）明确政府职责。把发展学前教育纳入城镇、社会主义新农村建设规。建立政府主导、社会参与、公办民办并举的办园体制。大力发展公办幼儿园，积极扶持民办幼儿园。加大政府投入，完善成本合理分担机制，对家庭经济困难幼儿入园给予补助。加强学前教育管理，规范办园行为。制定学前教育办园标准，建立幼儿园准入制度。完善幼儿园收费管理办法。严格执行幼儿教师资格标准，切实加强幼儿教师培养培训，提高幼儿教师队伍整体素质，依法落实幼儿教师地位和待遇。教育行政部门加强对学前教育的宏观指导和管理，相关部门履行各自职责，充分调动各方面力量发展学前教育。

——《国家中长期教育改革和发展规划纲要（2010—2020年）》（2010年7月29日）

# 参考文献

［1］包文婷．乡村幼儿教师专业发展刍议［J］．文教资料，2018（17）：119－120.

［2］蔡军．农村幼儿园转岗教师的生存困境及改善［J］．学前教育研究，2015（5）：10－14.

［3］蔡迎旗，孟会君．基于扎根理论的幼儿教师学习共同体影响因素研究［J］．教育研究与实验，2019（2）：46－52.

［4］陈惠津．幼儿园园长职业的成熟度现状及对策研究［J］．教育评论，2015（9）：115－117.

［5］陈坚．新时代城乡学前教育均衡发展的复杂性挑战与路径优化——基于复杂性理论［J］．社会科学战线，2022（5）：235－241.

［6］陈娟．加强农村幼教师资队伍的后续培养［J］．继续教育研究，2013（12）：22－24

［7］陈蓉晖，赖晓倩．优质均衡视域下农村学前教育资源配置效率及差异分析［J］．教育发展研究，2021，41（Z2）：23－33.

［8］陈向明．质的研究方法与社会科学研究［M］．北京：教育科学出版社，2000.

［9］陈雅丽．幼儿园转岗园长职业适应的叙事研究［D］．南昌：江西师范大学，2021.

［10］陈俞英．家长首席，助幼儿顺利走向小学——谈幼小衔接中家园合作的新路径［J］．幼儿100（教师版），2021（Z2）：91－93.

［11］邓小菊．湘西北地区农村幼儿园园长职后培养研究［J］．品位·经典，2022（12）：73－76.

[12] 董旭花,张升峰,臧冬玲,等.幼儿园环境创设[M].北京:中国人民大学出版社,2018.

[13] 范欣怡,王映超,李旭.乡村幼儿园教师流失意愿的影响因素探索——基于扎根理论的质性分析[J].成都师范学院学报,2023,39(10):1-12.

[14] 盖笑松,焦小燕.当前村屯学前教育发展的难点与对策[J].学前教育研究,2015(5):3-9.

[15] 高丙成.我国幼儿园教师职称评聘的现状与对策[J].幼儿教育,2015(9):26-30.

[16] 高晓敏,张洁,刘岗.农村幼儿园教师专业能力发展现状及提升对策[J].学前教育研究,2020(6):63-71.

[17] 高怡.乡镇中心幼儿园室内区域活动中物质环境创设的个案研究[D].长春:吉林外国语大学,2022.

[18] 古芳瑜.关于提高幼儿园园长培训有效性的思考[J].中国培训,2020(12):57-58.

[19] 郭黎岩,李淼.中小学流动教师的职业适应与社会支持关系研究[J].教师教育研究,2010,22(3):56-60.

[20] 何如意.专业学习共同体视角下幼儿园教研组建设研究[D].武汉:华中师范大学,2022.

[21] 洪秀敏,陶鑫萌.农村幼儿园园长专业素养的现状、影响因素与提升策略[J].北京教育学院学报,2022,36(2):46-54.

[22] 洪秀敏,杜海军,张明珠.乡村振兴战略背景下幼儿园教师队伍建设"中部塌陷"的审思与治理[J].华中师范大学学报(人文社会科学版),2021,60(2):170-178.

[23] 洪秀敏,刘鹏.全美幼教协会《幼教机构管理者定义与专业素质》及其启示[J].比较教育研究,2015,37(3):83-89.

[24] 洪秀敏,朱文婷,钟秉林.不同办园体制普惠性幼儿园教育质量的差异比较——兼论学前教育资源配置质量效益[J].中国教育学刊,2019(8):39-44.

［25］洪秀敏；陶鑫萌．农村幼儿园园长专业素养的现状、影响因素与提升策略［J］．北京教育学院学报，2022，36（2）：46－54．

［26］胡美玲，袁凤琴．乡村幼儿园教师的精准培养策略探析：共生理论的视角［J］．成都师范学院学报，2023，39（7）：76－83．

［27］贾红霞，谢军．乡村振兴视域下农村学前儿童家庭教育实践路径［J］．人民教育，2022（Z1）：89－90．

［28］江波，何雯欣．农民工随迁子女文化适应的影响机制及支持路径：积极心理学视角［J］．教育发展研究，2019，39（20）：78－84．

［29］姜丽娟，刘义兵．乡村教师专业发展内生动力的生成及培育［J］．教育研究与实验，2021（5）：79－83．

［30］姜一兴．农村幼儿园园长专业发展的研究综述［J］．课程教育研究，2018（8）：21－22．

［31］教育部师范司．教师专业化的理论与实践［M］．北京：人民教育出版社，2001．

［32］雷静，杨晓萍．美学视域下的幼儿园园长课程领导力［J］．人民教育，2015（15）：34－36．

［33］黎平辉，蔡迎旗．从同一到融合：论乡村振兴战略下农村学前教育发展价值主体的价值取向［J］．当代教育论坛，2019（3）：64－73．

［34］黎勇．主客位融合：我国农村学前教育发展的价值取向［J］．学前教育研究，2022（12）：75－78．

［35］李传英，余琳，犹智敏．"精准教研"：破解乡村学前教育发展"四难问题"［J］．今日教育（幼教金刊），2022（Z1）：41－44．

［36］李静美．农村公费定向师范生"下得去、留得住"的内在逻辑［J］．中国教育学刊，2020（12）：70－75．

［37］李梦园．乡镇公办幼儿园教研活动开展的问题诊断及优化路径研究［D］．广西师范大学，2023．

［38］李敏谊，周晶丽．幼儿园园长作为课程领导者的历史与变迁——基于北京市某园长课程领导实践的个案研究［J］．学前教育研究，2014（12）：41－46．

[39] 李强. 社会支持与个体心理健康 [J]. 天津社会科学, 1998 (1): 66 - 69.

[40] 李容香, 严仲连. 农村公办幼儿园园长课程领导的问题与对策 [J]. 教育探索, 2016 (10): 98 - 103.

[41] 李瑞华. 政府购买学前教育服务政策下青海乡村幼儿教师工资收入现状、影响与建议——基于青南五县的实地调查 [J]. 教师教育研究, 2019, 31 (6): 33 - 38.

[42] 李生兰. 园长在幼儿园家长开放日活动中的角色探析 [J]. 上海教育科研, 2007 (11): 70 - 72.

[43] 李旭, 段丽红. "位育"视角下乡村幼儿园本土课程的内涵诠释、价值诉求及内容构建 [J]. 民族教育研究, 2019, 30 (5): 106 - 112.

[44] 李旭. 新型城镇化背景下儿童生活共同体的现实际遇及重构 [J]. 四川师范大学学报 (社会科学版), 2017, 44 (5): 85 - 91.

[45] 李洋, 陈希. 农村幼儿园教师队伍建设现状与促进策略 [J]. 学前教育研究, 2018 (9): 61 - 63.

[46] 李运余. 论我国农村幼儿园的教育现状 [J]. 学理论, 2011 (32): 237.

[47] 李振峰. 欠发达地区农村幼儿教师素质现状调查分析——以鲁北地区滨州市为例 [J]. 教师教育研究, 2014, 26 (2): 6 - 12.

[48] 梁忠义. 实用教育辞典 [Z]. 长春: 吉林教育出版社, 1989.

[49] 林菁, 蔡佳佳. 幼儿园园长队伍建设现状与发展策略 [J]. 宁波大学学报 (教育科学版), 2018, 40 (4): 120 - 126.

[50] 刘冬梅. 幼儿在园意外伤害的应急处理 [J]. 吉林教育, 2018 (30): 10 - 11.

[51] 刘占兰. 乡镇中心幼儿园的作用与农村幼儿园教师的专业发展 [J]. 中国教师, 2020 (8): 84 - 87.

[52] 罗仁福, 张林秀, 刘承芳, 等. 贫困农村儿童的能力发展状况及其影响因素 [J]. 学前教育研究, 2010 (4): 17 - 22.

［53］罗英智．园长在促进教师专业成长中的角色定位和工作策略［J］．辽宁教育研究，2006（2）：96－97．

［54］MAHER E J, FRESTEDT B, GRACE C. Differences in child care quality in rural and non-rural areas［J］. Journal of Research in Rural Education, 2008（23）.

［55］马忠才，郝苏民．乡村教育振兴的困境及其内生性逻辑——基于深度贫困地区 Y 县的调查分析［J］．中南民族大学学报（人文社会科学版），2020，40（2）：169－174．

［56］PLESS N M. Understanding responsible leadership: roles identity and motivational drivers［J］. Journal of Business Ethics, 2007（74）.

［57］欧姿秀．台湾近十五年幼儿园园长领导研究派典转移之探究［J］．幼儿教育年刊，2002（9）．

［58］PATTON M Q. Qualitative evaluation and research methods［M］. London: SAGE Publication, 1990.

［59］庞丽娟．中国教育改革 30 年：学前教育卷［M］．北京：北京师范大学出版社，2009．

［60］钱芸．自然教育释放幼儿天性——幼儿园自然教育教学实践探索［J］．学苑教育，2021（6）：87－88．

［61］秦玉友，邬志辉．中国农村教育发展状况与未来发展思路［J］．东北师大学报（哲学社会科学版），2017（3）：1－8．

［62］曲正伟．我国幼儿园园长队伍建设现状、问题及其发展对策——基于城区、镇区、乡村比较的视角［J］．学前教育研究，2022（2）：27－44．

［63］瞿连贵，石伟平，李耀莲．乡村人才振兴视野下职业教育的功能定位及实践指向［J］．中国职业技术教育，2021（6）：50－56．

［64］沙莉，张小娟，康丽颖．"幼儿园"概念的生成与流变——基于历史语义学的分析视角［J］．教育研究，2023，44（9）：51－63．

［65］史文秀．专业发展取向下的幼儿教师学习共同体构建［J］．教育探索，2013（9）：110－112．

[66] SHUCKSMITH M, SHUCKSMITH J, WATT J. Rurality and social inclusion: a case of preschool education [J]. Social Policy & Administration, 2010, 40 (6): 678 – 691.

[67] SPECK M. The principal ship: building a learning community [J]. Merrill, an Imprint of Prentice Hall, 1999.

[68] STARK J. Testing a model of program curriculum leadership [J]. Research in Higher Education, 2002, 43: 59 – 82.

[69] 苏婧, 田彭彭, 吕国瑶, 等. 《幼儿园园长专业标准》背景下园长专业能力模型构建与提升——以北京市为例 [J]. 教育科学研究, 2022 (1): 86 – 91.

[70] 索长清. 幼儿园园长角色职责与专业核心能力的比较研究——基于美、新、加、中四国园长标准的分析 [J]. 外国中小学教育, 2019 (6): 40 – 46.

[71] 谭曼娜. 浅议园本教研中园长的角色定位 [J]. 学前教育研究, 2005 (5): 31 – 32.

[72] TAGORE R. Stray birds [M]. Macmillan, 1919.

[73] 汤颖, 邬志辉. 农村幼儿教师继续教育模式构建 [J]. 成人教育, 2018, 38 (5): 80 – 83.

[74] URBAN M. Early childhood education in Europe: achievements, challenges and possibilities [J]. Online Submission, 2009.

[75] 王海英. 谁识转岗幼儿教师酸苦辣 [N]. 中国教育报, 2013 – 08 – 04 (1).

[76] 王海英. 学前教育社会学 [M]. 南京: 江苏教育出版社, 2009.

[77] 王红, 邬志辉. 新时代乡村教育扶贫的价值定位与分类治理 [J]. 教育与经济, 2018 (6): 18 – 24.

[78] 王鉴, 谢雨宸. 乡村学前教育高质量发展的内涵、逻辑与长效机制 [J]. 东北师大学报 (哲学社会科学版), 2022 (2): 1 – 9 + 37.

[79] 王小英, 张鸿宇. 1999—2014 年幼儿园园长培训研究的文献计量与内容分析 [J]. 东北师大学报 (哲学社会科学版), 2016 (3):

194 - 198.

[80] 文军, 顾楚丹. 基础教育资源分配的城乡差异及其社会后果——基于中国教育统计数据的分析 [J]. 华东师范大学学报（教育科学版）, 2017, 35 (2): 33 - 42 + 117.

[81] 文志琴. 构建幼儿园骨干教师专业发展共同体的实践研究 [D]. 长沙: 湖南师范大学, 2018.

[82] WHITMYER C. Mindfulness and meaningful work: explorations in right livelihood [J]. Parallax Press, 1994: 19.

[83] 吴佳莉. 提升农村学前教育品质 促进美丽乡村发展 [J]. 教育研究, 2018, 39 (7): 89 - 91.

[84] 夏巍. 民族地区乡村转岗幼儿教师身份建构的个案研究 [J]. 民族教育研究, 2020, 31 (6): 105 - 112.

[85] 邢保华, 杨巧萍. 农村幼儿园园长培训现状及其提升对策 [J]. 学前教育研究, 2018 (5): 67 - 69.

[86] 邢利娅. 幼儿园管理 [M]. 北京: 高等教育出版社, 2010.

[87] 徐东, 姜永燕. 幼教名师学习共同体助推幼儿教师专业发展: 原则、困境与策略 [J]. 当代教育论坛, 2015 (5): 24 - 28.

[88] 许玉龄. 公立幼儿园园长的工作内容与角色 [R]. "行政院国科会" 专题研究成果报告, 2002.

[89] 严仲连, 斯维特拉娜·索科洛娃. 俄罗斯农村学前教育质量保障的经验 [J]. 比较教育研究, 2013, 35 (6): 82 - 86.

[90] 严仲连. 加拿大发展农村学前教育的经验 [J]. 外国中小学教育, 2014 (5): 14 - 18.

[91] 姚松, 曹远航. 新时期中央政府教育精准扶贫政策的逻辑特征及未来走向——基于政策工具的视角 [J]. 湖南师范大学教育科学学报, 2019, 18 (4): 73 - 80.

[92] 衣新发, 赵倩, 胡卫平, 等. 中国教师心理健康状况的横断历史研究: 1994—2011 [J]. 北京师范大学学报（社会科学版）, 2014 (3): 12 - 22.

[93] 易凌云. 幼儿园园长专业标准的构建原则与基本内容 [J]. 学前教育研究, 2014 (5)：30 – 36.

[94] 易森林, 王建军. 中部地区农村幼儿园教师培训中存在的问题及对策——以湖南省 M 市（县）为例 [J]. 早期教育, 2022 (39)：41 – 43.

[95] 袁倩. 农村幼教师资队伍建设中存在的问题及对策 [J]. 中国成人教育, 2012 (14)：44 – 46.

[96] 袁媛, 杨卫安. 学制创新与乡村小规模学校发展——兼谈幼小衔接的新路径 [J]. 教育科学研究, 2019 (11)：11 – 15.

[97] 袁媛. 幼儿园园长专业职务晋升制度存在的问题与改革思路 [J]. 四川师范大学学报（社会科学版）, 2019, 46 (6)：99 – 104.

[98] 岳欣云. 教师发展的最高境界：教师生命自觉 [J]. 华东师范大学学报（教育科学版）, 2018, 36 (2)：117 – 122 + 158.

[99] 张地容. 农村转岗幼儿教师的生存困境与出路 [J]. 教育评论, 2015 (10)：120 – 124.

[100] 张莉, 袁爱玲. 农村幼儿园园长课程管理观念现状及其改善建议 [J]. 学前教育研究, 2015 (2)：8 – 14.

[101] 张泽东. 中国幼儿园园长任职资格制度的沿革、现状与完善 [J]. 社会科学战线, 2021 (8)：255 – 260.

[102] 赵宇. 农村幼儿园教师培训质量提升策略 [J]. 学前教育研究, 2019 (5)：93 – 96.

[103] 中共中央, 国务院. 中共中央国务院关于全面深化新时代教师队伍建设改革的意见 [N]. 人民日报, 2018 – 02 – 01 (1).

[104] 周俊男, 李洪修. 文化回应教学视域下民族地区幼儿园课程开发 [J]. 民族教育研究, 2023 (3)：1 – 7.

[105] 左彩霞, 张莉. 乡村振兴背景下我国农村幼儿教育可持续发展：现实困境、价值选择与实践路径 [J]. 黑龙江教师发展学院学报, 2023, 42 (8)：116 – 120.

# 后　记

2023 年出版了《乡村筑梦人——乡村校长发展叙事研究》之后，不管是团队还是个人，都对教育叙事研究意犹未尽，因此有了继续研究的想法和动力。考虑到之前团队已经对乡村教师、青年乡村教师、乡村校长这三类群体进行了主题研究，所以在深入思考和充分探讨后，我们决定这次将研究对象聚焦于乡村公办园园长。之所以选择这个群体，是考虑到学前教育一直以来都是民生的热点和难点问题，广大农村地区的幼儿教育更为薄弱，面临资源不足与城乡差距明显等困境。乡村公办园园长作为学前教师队伍中的核心力量和关键少数，对我国乡村学前教育发展至关重要。我们旨在通过对乡村公办园园长开展叙事研究，记录他们的成长经历与教育故事，挖掘他们办园的经验，反映他们的发展诉求。一方面总结和发挥幼儿园园长在示范教师成长、引领园所发展、带动事业进步等方面的重要作用，另一方面提出促进乡村公办园园长个人成长与乡村学前教育质量提升的对策建议。

这部书稿是课题组集体智慧的结晶。首先要感谢课题组邀请，参与本研究的 7 位乡村园长，是他们在百忙之中挤出时间，积极配合课题组的多轮次访谈、实地调研，乐于分享、勇于剖析，才使得本研究得以顺利推进，并最终形成了这部书稿。其次要感谢湖南师范大学唐智彬教授及其团队研究生肖丽燕、周书臣、周梦娇、郑超英、梁钰、陈亚萱、喻诗婷、聂宏如，以及唐亚明老师，他们不畏艰辛，深入案主学校，搜集现场文本，挖掘教育故事，完成了基础访谈及初稿整理工作。正是因为有他们的努力，7 位乡村园长的经历、诉求、经验才能原汁原味地呈现在这里。然后还要感谢陈波涌副所长和李婷老师，坚定地支持我以叙事研究的方法开展研究，并多次参与研讨论证，对书稿的修订倾注了大量心血。

本书的出版，还要感谢湖南师范大学出版社的吴真文社长和宋瑛老师，他们的热情专业、细致认真，保障了本书的顺利出版。

囿于笔者的研究能力与学术水平，书中错误与不足在所难免，敬请读者们批评指正。

单 莹

2024 年 3 月 1 日于崇文阁